PROJET

DE

RÈGLEMENT D'ADMINISTRATION PUBLIQUE

SUR LA

PROCÉDURE

DEVANT LES

CONSEILS DE PRÉFECTURE

PAR M. DIEU

PRÉSIDENT DU CONSEIL DE PRÉFECTURE DE LA SEINE

PARIS
TYPOGRAPHIE CHARLES DE MOURGUES FRÈRES
IMPRIMEURS DE LA PRÉFECTURE DE LA SEINE
RUE JEAN-JACQUES ROUSSEAU, 58

1869

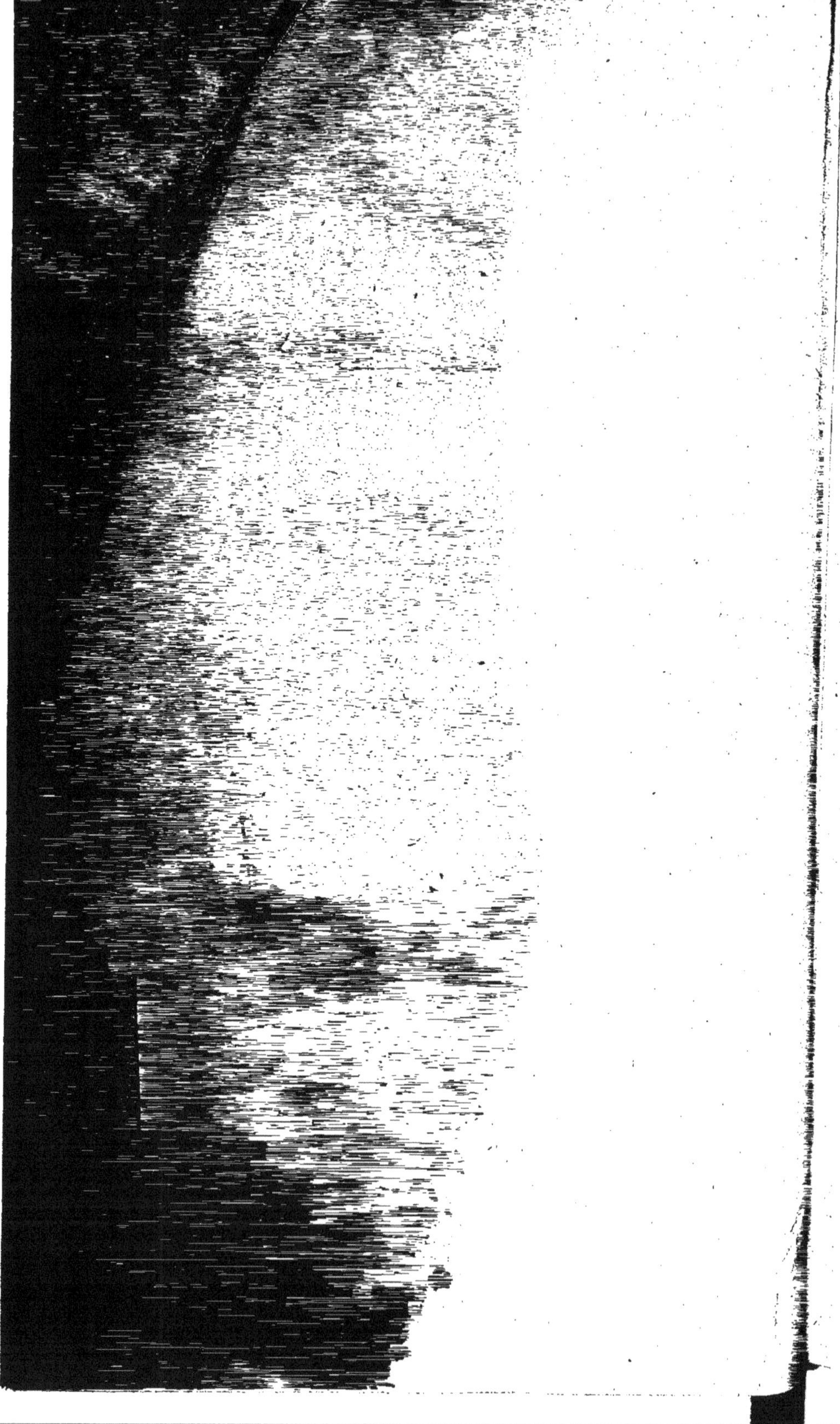

PROJET

DE

RÈGLEMENT D'ADMINISTRATION PUBLIQUE

SUR LA

PROCÉDURE

DEVANT LES

CONSEILS DE PRÉFECTURE

PROJET

DE

RÈGLEMENT D'ADMINISTRATION PUBLIQUE

SUR LA

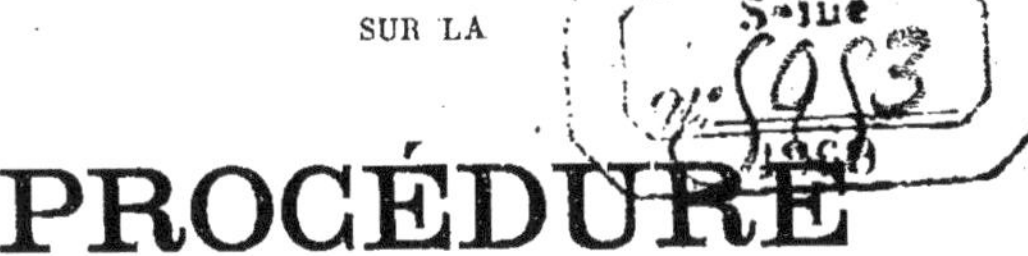

PROCÉDURE

DEVANT LES

CONSEILS DE PRÉFECTURE

PAR M. DIEU

PRÉSIDENT DU CONSEIL DE PRÉFECTURE DE LA SEINE

PARIS
TYPOGRAPHIE CHARLES DE MOURGUES FRÈRES
IMPRIMEURS DE LA PRÉFECTURE DE LA SEINE
RUE JEAN-JACQUES ROUSSEAU, 58

1869

PRÉFACE.

Ce *Projet de Règlement* a été rédigé par le Président du Conseil de Préfecture de la Seine, en réponse à la circulaire du 8 février 1868, par laquelle S. Exc. le Ministre de l'Intérieur a demandé aux Préfets un travail sur la procédure devant les Conseils de Préfecture, en vue de préparer l'exécution de l'art. 14 de la loi du 21 juin 1865 (1).

Il a été présenté par l'auteur à M. le Sénateur, Préfet de la Seine, qui l'a transmis sur-le-champ au Ministre, et il vient d'être communiqué au Conseil d'État, à qui il appartient de délibérer le décret réglementaire dont il s'agit.

Le projet est publié à peu près tel qu'il a été présenté; cependant, en le revoyant pour le livrer à l'impression, nous avons cru devoir y faire quelques additions importantes et y insérer en notes des explications étendues destinées à justifier les dispositions proposées.

En le publiant, notre but a été d'abord de le mettre aux mains de tous les membres du Conseil d'État, et plus tard des Députés et des Sénateurs, lorsqu'à l'expiration du délai de cinq ans, c'est-à-dire en 1870, le Corps Législatif aura à statuer par une loi sur la procédure qui doit être provisoirement réglée par un décret. Nous avons voulu aussi provoquer, tant de la part des Préfets et des Conseils de Préfecture que de la part des jurisconsultes qui se sont occupés du droit administratif, les observations que comporte un sujet aussi important.

La publication de ce travail a encore pour objet de faire voir, à ceux qui l'ignorent, en quoi consiste la juridiction des Conseils de Préfecture, quelles garanties leur procédure, à la fois écrite et orale, doit offrir aux justiciables; quand elle aura été convenablement réglée; enfin, quels services ils sont appelés à rendre dans les attributions variées de leur compétence.

Il est à remarquer que ce n'est pas là un projet de fantaisie; que le fond

---

(1) Art. 14. Un règlement d'administration publique déterminera provisoirement : 1° les délais et les formes dans lesquels les arrêtés contradictoires et non contradictoires des Conseils de Préfecture peuvent être attaqués; 2° les règles de la procédure à suivre devant les Conseils de Préfecture, notamment pour les enquêtes, les expertises et les visites de lieux; et 3° les dépens.

Il sera statué par une loi dans un délai de cinq ans.

et presque toutes les dispositions sont empruntées aux diverses lois de procédure et surtout à la procédure qui est pratiquement observée depuis la publicité des audiences, c'est-à-dire depuis 1863, devant le Conseil de Préfecture de la Seine ; que dès lors la plupart ont déjà acquis l'autorité de l'expérience. — En effet, les quelques dispositions sommaires, qui forment actuellement toute la procédure administrative, ne pouvant suffire pour l'instruction des affaires, on a dû y suppléer par voie d'analogie. Mais les règles, ainsi adoptées, présentent souvent des difficultés nées de leur origine et peuvent donner ouverture à des controverses. Il importe donc de les sanctionner par un décret qui en fasse la loi des parties et de la juridiction elle-même.

Quant aux innovations proposées, elles trouvent leur justification tant dans les faits et les besoins constatés du service que dans le caractère et les conditions particulières des affaires dont connaissent les Conseils de Préfecture.

Faut-il tracer, d'une manière précise et aussi complétement que possible, les règles que les parties doivent observer pour introduire et suivre elles-mêmes leurs instances, ou bien faut-il se borner encore à ajouter seulement quelques nouvelles dispositions à celles qui sont disséminées dans l'ensemble de la législation, laissant le surplus à la jurisprudence, aux analogies, aux usages, à l'arbitraire ?

Telle est la question à résoudre. Nous estimons que la juridiction administrative ne peut que gagner beaucoup à la réunion de toutes les règles de sa procédure en un véritable Code.

Si l'on compare les formes indiquées dans ce Projet de Règlement pour l'instruction des instances avec celles du Code de Procédure civile, on reconnaîtra, nous l'espérons, qu'elles ne leur cèdent en rien pour faire constater les droits et intérêts respectifs des parties, et pour assurer, presque sans frais, une bonne et prompte justice. On reconnaîtra également que la combinaison de l'instruction écrite, ainsi réglée, avec la discussion orale, présente des avantages sérieux qu'on ne rencontre pas toujours au même degré dans la procédure purement orale, suivie devant les tribunaux civils. Peut-être même la révision du Code de Procédure civile, dont le Conseil d'État et le Corps Législatif sont actuellement saisis, trouverait-elle à emprunter avec fruit quelques dispositions à cette partie de la procédure administrative.

SOMMAIRE.

PROJET

DE

RÈGLEMENT D'ADMINISTRATION PUBLIQUE

SUR LA

PROCÉDURE

DEVANT LES

CONSEILS DE PRÉFECTURE.

OBSERVATIONS PRÉLIMINAIRES.

Les citations, mises au bas des articles proposés, sont principalement tirées : 1° du Code de Procédure civile, des lois sur l'organisation judiciaire et des décrets sur la liquidation des dépens; — 2° des décrets du 22 juillet 1806, du 18 janvier 1826, des 25 et 30 janvier 1852 sur l'instruction des affaires devant le Conseil d'État; — 3° de la loi du 21 juin 1865 et du décret du 12 juillet suivant sur les Conseils de Préfecture et sur l'instruction des affaires devant cette juridiction; — 4° de l'ordonnance du 31 août 1828, qui a réglé la procédure devant les Conseils du Contentieux administratif dans les colonies, lesquels ont la même juridiction que les Conseils de Préfecture ; — 5° du règlement fait, pour le Conseil de Préfecture de la Seine, par arrêté de M. le Sénateur, Préfet de la Seine, en date du 20 avril 1863, approuvé par S. Exc. le Ministre de l'Intérieur ; — 6° des lois, règlements et instructions sur les contributions directes et sur les taxes assimilées aux contributions ; — 7° du Code d'Instruction criminelle et des lois sur les contraventions de police dont connaissent les Conseils de Préfecture ; — 8° des lois, décrets et règlements sur la comptabilité publique, notamment des décrets des 31 mai 1862 et 27 janvier 1866.

Tantôt les articles du Projet de Règlement sont seulement la reproduction des dispositions édictées dans les lois et règlements cités, avec les changements jugés nécessaires ou utiles, et dont le texte a été autant que possible intégralement conservé ;

Tantôt ils sont le résumé d'un ensemble de dispositions dont certaines parties ou certaines règles, ou certains principes seulement, sont applicables à la procédure administrative devant les Conseils de Préfecture ;

Tantôt ils s'en écartent, soit pour simplifier la procédure et la rendre plus rapide, moins dispendieuse, sans être moins sûre et moins efficace pour l'instruction des affaires ;

Tantôt enfin, ils contiennent des innovations complètes dont l'expérience a révélé l'utilité.

La pensée principale de ce travail est d'abord celle qui a présidé à la rédaction de l'ordonnance du 31 août 1828, comprenant 213 articles, et dans laquelle le législateur a cru devoir tracer, avec des détails étendus, toute la procédure devant les Conseils du Contentieux administratif dans les colonies, bien que l'ordonnance établisse des avocats officiers ministériels, ayant le droit exclusif de faire tous les actes de l'instruction, et d'y postuler.

Il est aussi conçu et rédigé dans l'esprit de la loi du 21 juin 1865, qui, en décidant qu'il n'y aurait pas d'officiers ministériels devant les Conseils de Préfecture, a évidemment voulu que les parties pussent elles-mêmes, à l'aide du Règlement sur la procédure, introduire régulièrement leurs instances, en diriger l'instruction pour le soutien de leurs intérêts, et poursuivre l'exécution des décisions obtenues.

Telles sont les considérations d'après lesquelles il paraît nécessaire que le Règlement, qui doit devenir en 1870 la loi de procédure devant cette juridiction, soit aussi complet que possible dans les détails sur la marche des affaires, afin que les parties, étrangères aux études du droit, y trouvent, pour tous les cas et pour toutes les phases de l'instruction, des indications simples, claires et précises, destinées à les guider.

Si, devant les tribunaux ordinaires, où les instances sont dirigées par les avoués, le législateur a cru devoir tracer, dans le Code de Procédure, les règles les plus minutieuses pour chaque phase et même pour chaque acte de l'instruction, à plus forte raison doit-il en être ainsi devant les Conseils de Préfecture où les parties agissent elles-mêmes tant en demandant qu'en défendant, et où l'instruction se fait par écrit, comme dans le cas des art. 95 et suivants du Code de Procédure. Les observations orales qu'elles ont le droit de présenter à l'audience ne peuvent en effet porter que sur les documents et conclusions de l'instruction écrite.

Il est vrai que pour la procédure des tribunaux de commerce et des justices de paix, près desquels il n'existe pas non plus d'officiers ministériels, le Code se borne à des dispositions peu nombreuses et sommaires. Mais, outre que cela est quelquefois à regretter, il convient de remarquer que l'instruction s'y fait d'après les mêmes errements que devant les tribunaux civils de première instance, et que, pour tous les points qui n'ont pas été réglés expressément dans les procédures spéciales, la loi elle-même se réfère aux dispositions générales du Code. Ce n'est pas alors par voie de raisonnement et d'analogie qu'on les invoque, car la marche des affaires étant identique, il y a même raison de décider. Devant les Conseils de Préfecture, les analogies à tirer des lois faites pour un autre ordre de procédure sont trop éloignées, trop incertaines et seraient dès lors très-dangereuses. De là la nécessité pour le législateur d'y pourvoir lui-même en édictant une règle spéciale, au lieu de laisser la voie ouverte aux interprétations par analogie.

Le décret du 12 juillet 1865 a essayé de parer aux inconvénients du défaut de règles sur la procédure, en chargeant le Conseil de Préfecture lui-même, sur l'avis du rapporteur, de régler les communications à faire, de diriger l'instruction et de prescrire les actes et les mesures qui lui paraissent utiles. Mais ce décret, préparé avant la loi du 21 juin 1865, n'a pas eu pour objet d'établir une règle définitive pour l'avenir, en exécution de l'art. 14; il n'a eu en vue que d'assurer la marche immédiate de la juridiction, en raison du changement qui venait d'y être apporté par la publicité des audiences et par le droit conféré aux parties d'y présenter des observations orales.

Cette intervention, ou pour mieux dire cette immixtion du Conseil de Préfecture dans l'instruction des affaires qu'il doit juger, nous paraît avoir de sérieux inconvénients, sans parler de la divergence entre les Conseils de Préfecture dans leur manière d'y procéder, et de l'arbitraire auquel cette faculté peut donner lieu pour chaque affaire.

En effet, on conçoit difficilement qu'un tribunal se substitue lui-même aux parties pour diriger la procédure de leurs instances, dont elles demeurent néanmoins responsables; qu'il ordonne ou refuse à son gré des communications, si la loi ne les déclare pas obligatoires; qu'il leur prescrive de faire certains actes ou de prendre certaines mesures; d'autre part, les décisions de cette nature, prises d'office, sont le plus souvent dépourvues de sanction légale vis-à-vis des parties; enfin le tribunal peut se trouver obligé à les faire exécuter lui-même, si elles n'ont pas été requises par une partie contre l'autre : telles seraient les principales conséquences de ce régime. Il est évident qu'une procédure ainsi dirigée serait de nature à porter atteinte à l'indépendance respective des parties devant le Conseil et à leur libre action pour le soutien de leurs droits ou intérêts.

Ce régime n'a pas été admis, et il ne saurait l'être devant les tribunaux de commerce et les justices de paix, quoiqu'il n'y ait pas près d'eux d'officiers ministériels; l'instruction s'y fait par les parties elles-mêmes, à leurs risques et périls, en se conformant au Code de Procédure. Le caractère administratif du litige ne nous paraît justifier à aucun point de vue, ni dans l'intérêt de la justice, ni dans l'intérêt de l'administration, une telle dérogation aux principes essentiels de toute procédure devant une juridiction quelconque.

D'après les considérations qui précèdent, il nous paraît que le Règlement de procédure ne doit pas se borner à quelques règles générales et sommaires, et laisser le surplus soit aux hasards des connaissances juridiques des parties, soit à la direction du Conseil de Préfecture, soit enfin aux analogies qui peuvent être puisées avec plus ou moins de succès et d'habileté dans le Code de Procédure civile et dans les autres lois générales.

Il ne faut pas non plus que les incertitudes en ces matières demeurent abandonnées à l'interprétation qu'en doit donner plus tard la jurisprudence. D'abord, pour que cette interprétation soit obtenue, il est nécessaire que les parties fassent les frais d'un pourvoi, afin de s'éclairer elles-mêmes et de faire éclairer le public sur ces incertitudes ; ensuite, devant des textes insuffisants, obscurs, évasifs, devant des analogies à tirer d'un texte fait pour un autre objet, et qui souvent sont fort éloignées, la jurisprudence et les auteurs varient beaucoup et ajoutent une nouvelle confusion dans les esprits. — Si, pour le Code de Procédure et pour le Code Napoléon, que le législateur s'est efforcé de rendre aussi clairs et aussi complets que possible, il s'est élevé tant d'opinions divergentes, combien n'est-il pas désirable qu'une loi de procédure, dont on abandonne l'observation aux parties elles-mêmes, trace avec tous les détails qu'elles comportent les règles nécessaires à l'instruction des instances, à leur jugement et à l'exécution des décisions.

Tels sont les motifs pour lesquels le Projet de Règlement embrasse dans son cadre, et avec des détails étendus, non-seulement les diverses procédures devant les Conseils de Préfecture, mais tous les cas et tous les incidents qui peuvent s'y produire. Il en est de même pour le texte des dispositions; nous nous sommes efforcé d'y prévoir toutes les circonstances auxquelles elles sont applicables.

Nous nous sommes abstenu d'indiquer les motifs, soit des changements et additions apportés à des dispositions dont la pensée a été puisée dans d'autres lois ou règlements, soit des nombreuses dispositions nouvelles que contient ce projet. Il nous a paru que le libellé même du texte les justifie le plus souvent pour quiconque a la pratique des affaires contentieuses et de la procédure, tant devant les tribunaux que devant les Conseils de

Préfecture et devant le Conseil d'Etat. Nous nous sommes donc borné à placer quelques notes sommaires sous les articles dont la disposition, par son caractère d'innovation ou par l'objet qu'elle a en vue, pouvait faire désirer des explications.

TITRE Ier.

Des Instances.

CHAPITRE Ier.

DE L'INTRODUCTION ET DE L'INSTRUCTION DES INSTANCES.

§ 1er. — *De l'introduction des instances.*

ART. 1er. Les requêtes et mémoires introductifs d'instance, et en général toutes les pièces concernant les affaires sur lesquelles le Conseil de Préfecture est appelé à statuer par la voie contentieuse, seront, soit déposées au greffe, soit adressées au Préfet, Président du Conseil, ou au Vice-Président (à Paris, au Président du Conseil de Préfecture), par lettres chargées à la poste.

Les requêtes seront inscrites à leur arrivée sur un registre d'ordre tenu par le secrétaire-greffier, et seront, ainsi que les pièces jointes, marquées d'un timbre qui indiquera la date de l'arrivée; elles recevront un numéro d'ordre (1).

Le requérant sera tenu de consigner en même temps au greffe, à titre d'avance, une somme de dix francs, pour les frais d'affranchissement et de chargement à la poste, dans les cas prévus au présent décret, des lettres

---

(1) Déc. 12 juillet 1865, art. 1er. — Déc. 22 juillet 1806, art. 1er et 2. — Ord. 31 août 1828, art. 1er à 7. — Règl. Cons. de Préfect. de la Seine, art. 15.— Loi 2 brumaire an IV, art. 16 et 17. — Ord. 15 janvier 1826, art. 7 et 8.

d'avis, de convocations et de communications qui seront prescrites au cours de l'instruction, dont sa demande sera l'objet (1).

Art. 2. La requête sera sur papier timbré, à moins qu'elle n'en soit expressément dispensée par la loi (2).

Le requérant y joindra des copies, sur papier libre, en autant d'exemplaires qu'il y aura de parties en cause, auxquelles elles devront être notifiées (3).

Ces copies seront certifiées conformes à la requête par le requérant ; et leur texte, en cas de différence avec l'original, fera foi contre lui.

Art. 3. La requête contiendra (4) : 1° les nom, prénoms, profession et demeure du requérant; 2° la qualité en laquelle il agit ; 3° l'élection de domicile au chef-lieu du département, laquelle sera obligatoire quand il habite hors du département; 4° l'exposé sommaire des faits et des moyens ; 5° les conclusions précises du requérant, à la suite desquelles il posera les questions de fait et de droit résultant de sa requête, et sur lesquelles il demande décision (5); 6° l'énonciation des pièces dont il entend se servir et qui y seront jointes avec un borde-

---

(1) Cette avance des frais est nécessaire pour rendre l'instruction plus facile, plus prompte et plus sûre dans l'intérêt même du demandeur.

(2) Loi 13 brumaire an VII, art. 12, n° 1, § final.

(3) L'original de la requête devant rester au greffe pour composer le dossier, il est naturel que le demandeur soit tenu d'y joindre les copies qui doivent être communiquées aux défendeurs, puisque, sans cette communication, sa demande ne pourrait avoir aucune suite. Voir l'art. 16.

(4) C. Proc., art. 1, 61 et 96. — Déc. 22 juillet 1806, art. 1. — Ord. 31 août 1828, art. 1.

(5) C. Proc., art. 61, nos 3 et 142. — Ce sont les qualités ; il est utile d'obliger le demandeur à les poser lui-même tout d'abord.

reau ; 7° l'indication de la partie ou des parties contre lesquelles le requérant dirige son action, et à quel titre il entend les mettre en demeure d'y défendre (1) ; 8° le domicile ou les domiciles où il demande que la notification de sa requête leur soit faite (1) ; 9° la date des jour, mois et an ; 10° la signature du requérant ou de son mandataire dûment autorisé. — Il y déclarera en même temps s'il désire présenter des observations orales à l'audience, soit en personne, soit par avocat ou par mandataire (2).

ART. 4. Les avoués près les cours impériales et près les tribunaux civils sont dispensés de toute justification de mandat, et seront considérés comme régulièrement constitués par leur signature apposée au bas de la requête. Dans ce cas, l'élection de domicile aura lieu de plein droit en leur étude (3).

Devant le Conseil de Préfecture de la Seine, les avocats au Conseil d'État et à la Cour de Cassation seront également constitués par la signature de la requête, avec élection de domicile en leur cabinet (3).

La constitution de tout autre mandataire sera faite par une procuration notariée ou par une procuration sous seing privé légalisée, s'il y a lieu, et enregistrée, qui accompagnera la requête (3).

ART. 5. Si la requête est collective, toutes les parties

---

(1) C. Proc., art. 61, nos 3 et 142. — Le demandeur doit faire connaître contre qui il agit ; ce n'est pas au Conseil qu'il appartient d'y suppléer.

(2) Loi 21 juin 1865, art. 9. — Déc. 12 juillet 1865, art. 6 et 12. — Règl. du Cons. Préf., art. 15.

(3) C. Proc., art. 61. — Déc. 22 juillet 1806, art. 5. — Ord. 31 août 1828, art. 1, 17 et 195. — Règl. Cons. Préf. de la Seine, art. 17.

devront être individuellement dénommées, avec les indications prescrites par l'art. 3.

S'il s'agit du département, d'une commune ou d'un établissement public, la délibération, dûment approuvée, qui aura autorisé l'instance sera jointe aux pièces (1).

Art. 6. Le secrétaire-greffier donnera récépissé de toute requête et des pièces jointes, après avoir vérifié l'exactitude du bordereau où elles seront indiquées (2).

Lorsque la requête aura été reçue par la voie de la poste, le récépissé sera envoyé au domicile élu, aux frais du requérant.

Art. 7. Si une requête ne paraît pas régulièrement établie suivant les dispositions qui précèdent, la partie sera officieusement avertie par le secrétaire-greffier des irrégularités présumées, et invitée à les rectifier, si elle le juge convenable (3).

La requête n'en prendra pas moins date du jour du dépôt, et il sera passé outre avec ou sans la rectification (3).

Art. 8. Dans les affaires engagées entre l'État, le département, ou une commune et des particuliers, si l'instance est poursuivie par l'Administration, la demande sera soumise aux mêmes règles. Elle sera introduite en vertu d'un arrêté ou d'une décision de renvoi du Préfet, qui sera déposée au greffe avec les rapports ou mémoires et les conclusions du maire ou des chefs de

---

(1) Loi 10 mai 1838, art. 36 — Loi 18 juillet 1866, art. 1er, no 13. — Loi 18 juillet 1838, art. 19, 20 et 21. — Règl. Cons. Préf. de la Seine, art. 15.

(2) Règl. Cons. Préf. de la Seine, art. 21.

(3) Règl. Cons. Préf. de la Seine, art. 22.

service compétents, accompagnées, quand il y a lieu, des pièces à l'appui (1).

Art. 9. Le recours au Conseil de Préfecture contre une décision de l'administration, qui peut donner ouverture à une instance contentieuse, ne sera pas recevable, lorsque la partie aura laissé expirer le délai d'un mois, à partir du jour où la décision aura été notifiée, soit par une lettre officielle, soit par un acte administratif, soit par le ministère d'un huissier. Ce délai sera augmenté selon la distance, dans les cas prévus par l'article 73 du Code de Procédure civile (2).

Une expédition ou la copie signifiée de la décision attaquée sera jointe à la requête, sinon ladite requête ne sera pas reçue (2).

Art. 10. Le recours n'aura point d'effet suspensif, à moins qu'il n'en soit autrement ordonné par le Conseil, sur la requête du demandeur tendant à obtenir un sursis, conformément à l'art. 99 (3).

Art. 11. L'introduction et l'instruction des instances en matière de contributions, ou de taxes assimilées aux contributions, de contraventions de police et de comptes des communes, établissements publics et syndicats, seront l'objet de dispositions spéciales au titre III du présent décret.

---

(1) Ord. 31 août 1828, art. 2. — Régl. Cons. Préf. de la Seine, art. 23. — L'intervention du Préfet, dans les instances qui concernent les communes, se justifie en raison de l'autorité qu'il exerce sur leur administration.

(2) Déc. 22 juillet 1806, art. 11 et 13. — Ord. 31 août 1828, art. 1er, § 3, et art. 3.— Régl. Cons. Préf. de la Seine, art. 14.—Loi 2 brumaire an IV, art. 16. — Le délai d'un mois de l'ord. de 1828 paraît préférable à celui de trois mois du décret de 1806.

(3) Déc. 22 juillet 1806, art. 3. — Ord. 31 août 1828, art. 86.— C. Proc., art. 459 et 460.

§ 2. — *De l'instruction des instances.*

Art. 12. Immédiatement après l'enregistrement des requêtes et mémoires introductifs d'instance, le Préfet-Président ou le Vice-Président désignera un rapporteur, auquel le dossier de l'affaire sera transmis en communication dans les vingt-quatre heures (1).

Mention de cet envoi sera faite sur le registre d'ordre tenu par le secrétaire-greffier.

Art. 13. Le rapporteur sera chargé, sous l'autorité du Conseil de Préfecture, de diriger l'instruction de l'affaire, pour faire observer les dispositions du présent décret; il proposera les mesures et les actes d'instruction à ordonner d'office, et exprimera son avis sur ceux requis par le demandeur dans ses conclusions.

Avant tout, il devra vérifier si les pièces dont la production est nécessaire pour le jugement de l'affaire sont jointes au dossier (2).

Art. 14. Sur la proposition du rapporteur, le Conseil de Préfecture déterminera, suivant les règles établies ci-après, les communications à faire aux parties intéressées, tant des requêtes et mémoires introductifs d'instance (3), que des réponses à ces requêtes et mémoires,

---

(1) Déc. 12 juillet 1865, art. 2. — Ord. 31 août 1828, art. 8. — Régl. Cons. Préf. de la Seine, art. 18, § 2.

(2) Déc. 12 juillet 1865, art. 3.

(3) Déc. 12 juillet 1865, art. 4. — Déc. 22 juillet 1806, art. 4. — Ord. 31 août 1828, art. 9 et 10.

sans pouvoir, en aucun cas, porter atteinte aux droits que peuvent avoir les parties, soit de prendre défaut contre celle qui n'a pas répondu dans le délai légal, soit de requérir forclusion contre celle qui aurait produit tardivement sa requête ou des pièces du procès.

Il fixera, eu égard aux circonstances de l'affaire et à l'éloignement du domicile des parties, le délai qui leur est accordé pour prendre communication des pièces et fournir leurs défenses ou réponses.

ART. 15. Les décisions rendues pour l'instruction des affaires dans les cas prévus par l'article précédent, seront prises en chambre du Conseil, sans débat contradictoire (1). Elles ne sont susceptibles ni d'opposition ni de pourvoi.

Elles seront rapportées dans le procès-verbal de la séance, et il en sera tenu note, par le secrétaire-greffier, sur le registre d'ordre.

ART. 16. Dans les trois jours du dépôt de la requête introductive d'instance, la copie certifiée conforme, qui y est jointe en exécution de l'art. 2, sera notifiée à la partie ou aux parties indiquées par le requérant.

Cette notification sera faite dans la forme administrative par une ordonnance de soit-communiqué, signée du Préfet-Président ou du Vice-Président, laquelle visera la décision du Conseil de Préfecture qui l'aura ordonnée et invitera la partie défenderesse : 1° à produire sa réponse avec les pièces à l'appui dans le délai déterminé, à peine d'être jugée par défaut; 2° à déclarer si elle se

---

(1) Circ. du Ministre de l'Intérieur, 21 juillet 1865, § 5.

propose de présenter ou faire présenter des observations orales à la séance publique où l'affaire sera portée pour être jugée (1).

Il sera donné récépissé de cette notification. A défaut de récépissé, il en sera dressé procès-verbal par l'agent qui l'a faite (1).

Le récépissé ou le procès-verbal sera transmis immédiatement au greffe du Conseil de Préfecture, pour être joint au dossier de l'affaire (1).

Art. 17. Si l'action est dirigée contre l'État ou le Département, ou à Paris contre la Ville, la notification sera faite au secrétariat général de la Préfecture ou au bureau compétent. Si elle est dirigée contre une commune ou un établissement public, la notification sera faite soit au maire ou à l'administrateur en personne, soit au secrétariat de la mairie ou de l'établissement public (2).

Art. 18. Le délai pour la production de la requête en défense courra du jour de la notification de l'ordonnance de soit-communiqué à personne ou à domicile, constatée comme il est dit ci-dessus (3).

Il sera de quinze jours si le défendeur demeure au chef-lieu du département ou n'en est pas éloigné de plus de cinq myriamètres; de vingt-cinq jours, si son domicile est dans une autre partie du département ou dans un dépar-

---

(1) Déc. 12 juillet 1865, art. 5 et 6. — Ord. 31 août 1828, art. 11, 12 et 13. — Règl. Cons. Préf. de la Seine, art. 18. — C. Proc., art. 96.

(2) Déc. 22 juillet 1806, art. 4. — Ord. 31 août 1828, art. 4, 5, 6 et 15. — Règl. Cons. Préf. de la Seine, art. 24. — C. Proc., art. 69.

(3) Déc. 22 juillet 1806, art. 4. — Ord. 31 août 1828, art. 3 et 14. — Règl. Cons. Préf. de la Seine, art. 18. — Ord. 15 janvier 1826, art. 11. — C. Proc., art. 72 et 73.

tement limitrophe; de quarante jours, s'il est dans une autre partie de la France; à l'égard des colonies et des pays étrangers, le délai sera réglé par le Conseil de Préfecture (1).

Pourra néanmoins le Conseil, sur l'avis du rapporteur, accorder des prorogations de délai aux parties, sur requête motivée de leur part : 1° s'il estime qu'elles en ont besoin à raison de l'importance ou de la difficulté de l'affaire; 2° si les circonstances du procès ayant changé depuis le dépôt des dernières conclusions, un supplément d'instruction est reconnu nécessaire pour l'appréciation des faits nouveaux (2).

Art. 19. Les délais mentionnés en l'article précédent sont applicables à l'État, aux départements, aux communes et aux diverses administrations publiques, comme aux particuliers. Ils pourront être doublés si l'affaire présente des détails nombreux ou des difficultés exceptionnelles, ou s'il y a lieu d'y joindre des documents qui exigent un certain laps de temps, tels que les délibérations du conseil général, des conseils municipaux ou des conseils d'administration des établissements publics (2).

Art. 20. La requête en défense sera produite dans la même forme, et accompagnée, selon les cas, des mêmes justifications que la requête introductive d'instance (3).

Le défendeur ne sera pas tenu de la consignation pour

---

(1) Voir la note 3 de la page précédente.

(2) Règl. Cons. Préf. de la Seine, art. 28. — Ces dispositions s'expliquent et se justifient suffisamment par leur texte même.

(3) Règl. Cons. Préf. de la Seine, art. 20.— Ord. 31 août 1828, art. 16.

les menus frais de poste nécessaires à l'instruction de la demande dirigée contre lui.

Art. 21. Les défenses de l'administration au nom de l'État, des départements ou des communes, seront produites dans la même forme que ses demandes (1).

Art. 22. Le demandeur pourra, après les défenses fournies, présenter une seconde requête, et le défendeur y défendre dans le délai fixé par le Conseil de Préfecture, eu égard à la nature, à l'importance et au degré d'urgence de la cause, ainsi qu'à l'éloignement du domicile des parties (2).

Il ne pourra y avoir plus de deux requêtes de la part de chaque partie, y compris la requête introductive (2).

Toutefois, le Conseil de Préfecture, s'il le juge nécessaire, invitera les parties à s'expliquer par des productions, ou des conclusions complémentaires, sur certains points du débat (2).

Art. 23. Les moyens de défense seront notifiés de la même manière que les requêtes introductives d'instance (2).

Art. 24. Lorsque les parties auront eu recours au ministère d'huissier pour saisir le conseil de requêtes en demande ou en défense, de productions ou de conclusions complémentaires, elles en supporteront les frais (3).

---

(1) Règl. Cons. Préf. de la Seine, art. 25.

(2) Déc. 22 juillet 1806, art 6. — Ord. 31 août 1828, art. 18. — Règl. Cons. Préf. de la Seine, art. 26. — Loi 2 brumaire an IV, sur la Cour de Cassation, art. 18

(3) Règl. Cons. Préf. de la Seine, art. 27.

Art. 25. Les parties ou leurs mandataires pourront, sans frais, prendre communication des productions de l'instance au greffe, où le dossier demeurera, durant toute l'instruction, sous la garde et la responsabilité du secrétaire-greffier.

Les pièces ne pourront être déplacées que par les officiers ministériels ou les avocats au Conseil d'État qui se seront constitués au nom des parties, et sur une autorisation spéciale et écrite du Président, pourvu qu'il y ait consentement de la partie qui aura produit les documents (1).

Dans aucun cas, les délais pour fournir ou signifier requête ne seront prolongés par l'effet des communications (1).

Art. 26. Lorsqu'il y aura déplacement de pièces, le récépissé, signé du mandataire, portera son obligation de les rendre dans un délai qui ne pourra excéder huit jours, et, après ce délai, le Conseil pourra condamner le mandataire en dix francs au moins de dommages-intérêts, pour chaque jour de retard, au profit de qui il appartiendra (1).

Art. 27. Si l'administration ou une partie croit devoir se désister, acquiescer ou abandonner une affaire, il leur en sera respectivement donné acte par le Conseil à la plus prochaine séance publique (2).

---

(1) Déc. 22 juillet 1806, art. 8, 9 et 10. — Ord. 31 août 1828, art. 20, 21 et 22. — Déc. 12 juillet 1865, art. 7. — Règl. Cons. Préf. de la Seine, art. 29. — C. Proc., art. 96 à 107.

(2) C. Proc., art. 402 et 403.

Si l'abandon a lieu avant que l'instance ne soit liée par le dépôt de la requête en défense de la partie adverse, l'affaire sera rayée en vertu d'une ordonnance du Président constatant le retrait.

§ 3. — *De la jonction des instances semblables ou connexes.*

ART. 28. Lorsqu'il sera présenté plusieurs requêtes par différents demandeurs ayant le même intérêt (quoique la quotité pour chacun d'eux soit différente), se fondant sur les mêmes moyens de fait et de droit, et présentant à résoudre les mêmes questions, la jonction des instances pourra être prononcée, soit sur la demande d'une partie, soit même d'office[1]. Dans ce cas, il sera procédé à une seule opération d'expertise ou d'enquête, dans laquelle chaque partie fournira ou sera appelée à fournir ses dires, observations et demandes de constatations spéciales.

ART. 29. L'arrêté à intervenir, après avoir statué d'une manière générale sur ce qui est commun à toutes les parties dont les causes auront été jointes, prononcera sur ce qui est particulier à chacune d'elles.

L'exécution en sera poursuivie séparément contre chaque partie (à moins qu'il n'y ait solidarité), ou par

---

(1) Déc. rendus en Conseil d'État ; *passim*.

elle, et les expéditions qui en seront délivrées pour être notifiées contiendront le texte entier de la décision [1].

ART. 30. Les moyens de nullité, exceptions, forclusions, cas de défaut, oppositions, interventions, pourvois ou autres moyens qui concernent une partie, ne feront nul obstacle au cours de l'instruction, et ne préjudicieront en rien aux autres parties en cause.

Toutefois, si ces mesures, spéciales à une partie, étaient de nature à entraver l'instruction de l'affaire à l'égard des autres, le Conseil pourrait en ordonner la disjonction.

Ces arrêtés, réglant des mesures d'ordre, ne seront soumis ni à l'opposition ni au pourvoi.

ART. 31. Lorsque plusieurs affaires portées en même temps devant le Conseil de Préfecture sont connexes, soit parce que la décision de l'une doit entraîner nécessairement la décision de l'autre, soit parce que l'instruction de l'une ne peut se faire utilement et être complète que par l'instruction simultanée de l'autre, la jonction sera de droit [2].

Pourront toutefois les parties demander, et le Conseil ordonner, la disjonction, après l'instruction de tout ce qui est commun et connexe aux deux affaires [2].

---

(1) C. Proc., art. 153, 184, 719 et 720. — C. Inst. Cr., art. 226, 227 et 308.

(2) C. Proc., art. 153, 184, 719 et 720. — C. Inst. Cr., art. 226, 227 et 308. — On peut citer le cas où le locataire et le propriétaire d'un immeuble endommagé par des travaux publics ont demandé une indemnité chacun par requête séparée.

§ 4. — *De la clôture de l'instruction, de la forclusion des requêtes et productions tardives, et du rapport.*

Art. 32. Lorsque la dernière des requêtes respectives des parties aura été produite, ou que le délai pour la production sera expiré, l'instruction sera close[1].

La clôture sera constatée par un certificat du secrétaire-greffier, extrait du registre des affaires, tenu au greffe, et indiquant la date de chaque production effectuée et l'expiration du délai pour les faire. Ce certificat sera joint au dossier, et copie en sera transmise à chaque partie en cause par lettre affranchie à la poste[1].

Le dossier de l'affaire, ainsi complété, sera remis au Conseiller rapporteur[1].

Art. 33. Si le défendeur n'a pas répondu, le demandeur pourra, en produisant le certificat de clôture, poursuivre l'audience et prendre défaut contre lui, comme il est dit aux art. 144 et 146. Dans ce cas, il n'y aura pas de rapport, et le rapporteur se bornera à donner lecture de la requête introductive d'instance qui n'a pas été contestée[2].

---

(1) C. Proc., art. 108, 109 et 343, § 2. — Déc. 22 juillet 1806, art. 6, 10, 22 et 23. — Ord. 31 août 1828, art. 22 et 93. — Déc. 12 juillet 1865, art. 9 et 10. — Règl. Cons. Préf. de la Seine, art. 26. — Ord. 15 janvier 1826, art. 10 et 13.

(2) C. Proc., art. 99, 100 et 150. — Déc. 22 juillet 1806, art. 6, 10 et 29. — Ord. 31 août 1828, art. 34. — Règl. Cons. Préf. de la Seine, art. 40 et 44. — Ord. 15 janvier 1826, art. 21.

ART. 34. La décision de l'instance qui sera en état, ne sera retardée ni par le changement d'état des parties, ni par la cessation des fonctions dans lesquelles elles procédaient, ni par leur mort, ni par les décès, démissions, interdictions ou destitutions de leurs avocats, avoués ou mandataires, ni sous prétexte de constituer un autre mandataire [1].

L'affaire sera en état lorsque l'instruction sera complète, ou quand les délais pour les productions et réponses seront expirés, ce qui sera constaté par le certificat de clôture, dressé en exécution de l'art. 32 [1].

ART. 35. Si l'affaire n'est pas en état, la procédure sera suspendue par le décès de l'une des parties, mais seulement sur la demande qui en sera faite au greffe, avec la remise de l'acte de décès; copie en sera notifiée à la partie adverse.

La suspension durera jusqu'à la mise en demeure pour reprendre l'instance, conformément à l'art. 93.

ART. 36. Si, entre la clôture de l'instruction et le dépôt du rapport par le conseiller rapporteur, une partie en retard de faire sa production, présente cette requête ou des pièces, ou s'il est produit une requête supplémentaire ou de nouveaux documents au soutien des conclusions prises antérieurement, il en sera donné avis avec copie, par lettre affranchie, à la partie adverse.

Cette partie pourra demander, par requête spéciale,

---

(1) C. Proc., art. 342 à 351. — Déc. 22 juillet 1806, art. 22, 23 et 24.— Ord. 31 août 1828, art. 93 à 103. — Déc. 12 juillet 1865, art. 9. — Ord. 15 janvier 1826, art. 10, 11 et 13.

que la forclusion soit prononcée à son profit, et que la production soit écartée comme tardive [1].

Le Conseil ne pourra pas refuser la forclusion, et elle sera prononcée par décision en la chambre du Conseil ou à l'audience, avant le rapport [1].

Art. 37. Lorsque, dans les trois jours de la communication d'une requête ou d'une production tardive, la forclusion n'aura pas été demandée par la partie à qui elle a été faite, le Conseil pourra, suivant les circonstances et sur l'avis du conseiller-rapporteur, la prononcer d'office, ou relever le défaillant de la forclusion et rouvrir l'instruction écrite, en ordonnant que lesdites requêtes ou documents seront compris au dossier et qu'il y sera donné suite [1].

Il prescrira en même temps un supplément d'instruction écrite sur les points qu'il déterminera [1].

Art. 38. Après la clôture de l'instruction contradictoire, le conseiller-rapporteur préparera le rapport d'après les requêtes et documents écrits de l'instruction.

---

(1) C. Proc., art. 99, 100, 113, 660, 664, 754, 755, 756, 759, 761 et 1029. — Arr. Cour de Paris, 3 mars 1835 (Tragnier). — C. Com., art. 502 et 503. — C. Inst. Cr., art. 296 et 301. — La forclusion pour production tardive est une mesure essentielle dans l'instruction écrite, car sans cette mesure les délais seraient purement comminatoires et une partie pourrait être à la merci du mauvais vouloir ou de la négligence de la partie adverse. En effet, au moyen de productions partielles et successives, fournies l'une après l'autre aux jours des audiences, on ferait recommencer plusieurs fois l'instruction écrite, qui serait ainsi prolongée indéfiniment. Les articles cités en font l'application dans des cas analogues, et l'on en peut citer beaucoup d'autres qui prononcent ainsi des forclusions et des déchéances pour productions tardives, par exemple, les art. 28 et 29 de la loi du 21 avril 1832, concernant les réclamations en matière de contributions directes.

Il y résumera les faits et moyens respectifs des parties, les résultats des enquêtes, expertises et autres mesures d'instruction qui auront eu lieu (1).

Il le terminera en posant avec précision les questions de fait et de droit qui résultent de l'affaire et sur lesquelles le Conseil aura à prononcer (1).

Il y joindra un projet de décision, motivée sur ce qui a fait l'objet de l'instruction écrite (1).

Le rapport sera écrit, daté et signé par le conseiller-rapporteur (1).

ART. 39. Une copie des questions qui terminent le rapport sera déposée au greffe pour être communiquée aux parties; il leur en sera donné avis par lettre affranchie et chargée à la poste.

Chaque partie pourra, dans les trois jours de cette communication, outre un délai complémentaire fixé par le Conseil de Préfecture en raison des distances, présenter par requête des observations sur lesdites questions de fait et de droit (2).

Il sera statué en chambre du Conseil, pour le règlement des questions, sur l'avis du conseiller-rapporteur, et lecture en sera donnée à l'audience après son rapport (2).

---

(1) C. Proc., art. 111. — Ord. 31 août 1828, art. 24 et 26. — Déc. 30 janvier 1852, art. 19. — Déc. 12 juillet 1865, art. 9. — Règl. Cons. Préf. de la Seine, art. 30 et 31. — Ord. 15 janvier 1826, art. 14, 16 et 41.

(2) Déc. 30 janvier 1852, art. 19. — C. Proc., art. 142, 144 et 145. — Le Code de procédure fait rédiger les qualités après la décision; il paraît préférable de les faire établir avant, puisqu'il s'agit de déterminer les questions de fait et de droit résultant de l'instruction écrite sur lesquelles la décision doit intervenir. Rien n'est plus important pour rendre le débat clair, topique et précis, et pour éviter, ce qui arrive quelquefois devant les tribunaux, les erreurs et surprises de l'audience.

Art. 40. Lorsqu'il s'agira d'une décision à rendre par le Conseil pour ordonner une mesure d'instruction, soit préparatoire, soit même interlocutoire, le rapport pourra être fait verbalement à l'audience. Dans ce cas, le conseiller-rapporteur n'en devra pas moins poser par écrit les questions à résoudre, et préparer un projet de décision motivée d'après les documents du dossier.

Il en sera de même pour les affaires au fond qui, par leur simplicité ou leur nature, ne paraîtront pas exiger un rapport écrit; le conseiller-rapporteur pourra être autorisé par le Président à présenter seulement un rapport oral (1).

Art. 41. Les rapporteurs doivent présenter leurs rapports dans le délai le plus bref et suivant l'ordre déterminé par le Président. A moins de circonstances exceptionnelles, ce délai n'excédera pas deux mois (2).

En cas d'urgence, les rapporteurs empêchés doivent, de l'agrément du Président, remettre les affaires dont ils sont chargés à un de leurs collègues (2).

Si le conseiller-rapporteur décède, quitte le Conseil, se démet ou ne peut, pour une cause quelconque, faire le rapport, il en sera nommé un autre par ordonnance du Président (2).

Art. 42. A l'expiration du délai pour prendre communication des questions posées dans le rapport du conseiller-rapporteur, ou après la décision qui les aura

(1) Régl. Cons. Préf. de la Seine, art. 32.

(2) Déc. 30 janvier 1852, art. 3 et 12. — C. Proc., art. 110. — Ord. 15 janvier 1826, art. 14, 15 et 16.

réglées en cas d'opposition, le dossier avec le rapport et le projet de décision seront remis par le secrétaire-greffier au commissaire du Gouvernement. Il en sera tenu note au registre d'ordre des affaires (1).

CHAPITRE II.

DES MESURES PRÉPARATOIRES ET INTERLOCUTOIRES.

§ 1er. *Des enquêtes, des interrogatoires sur faits et des serments déférés.*

Art. 43. Lorsque, dans la requête principale ou dans une requête spéciale présentée au cours de l'instance, une partie demandera à faire la preuve de faits de nature à être constatés par témoins, elle sera tenue de les articuler avec précision, d'indiquer les témoins qui doivent en déposer, et de faire au greffe la consignation de la somme nécessaire pour payer leur taxe (2).

La preuve contraire étant de droit, la partie adverse pourra faire entendre des témoins, en remplissant les mêmes formalités préalables (2).

---

(1) C. Proc., art. 112. — Ord. 31 août 1828, art. 24. — Loi 21 juin 1865, art. 5. — Déc. 12 juillet 1865, art. 10 et 13. — Régl. Cons. Préf. de la Seine, art. 30. — Ord. 15 janvier 1826, art. 22 à 24. — Déc. 30 mars 1808, art. 85.

(2) C. Proc., art. 34, 252 à 256, 407 et 432.—Ord. 31 août 1828, art. 46, 47 et 59.

ART. 44. Si les faits articulés ne sont pas contestés par la partie adverse, ils seront tenus pour confessés et avérés. Lorsque tous ou quelques-uns auront été contestés, le Conseil appréciera si leur vérification est admissible et utile à l'instruction de l'affaire. Dans ce cas, il ordonnera une enquête, en fixera l'objet avec précision, et indiquera l'audience dans laquelle il y sera procédé (1).

Néanmoins, le Conseil pourra ordonner d'office la preuve des faits allégués dans l'instruction et non contestés par la partie adverse, lorsque leur vérification lui paraîtra utile (1).

ART. 45. Les témoins seront assignés à la requête de la partie qui les a indiqués, au moins huit jours avant celui de l'audition. Il leur sera donné copie, dans l'exploit, du dispositif de l'arrêté concernant les faits dont la preuve a été admise (2).

Les témoins seront interrogés par le Président sur les faits admis.

ART. 46. Le secrétaire-greffier dressera sur la feuille d'audience procès-verbal de leur audition. Cet acte contiendra leurs nom, âge, profession et demeure, leur serment de dire vérité, leur déclaration s'ils sont parents, alliés, serviteurs ou domestiques des parties, les reproches qui auront été fournis contre eux et la décision rendue à cet égard, enfin le résultat des dépositions (3).

---

(1) C. Proc., art. 34, 252 à 256, 407 et 432. — Ord. 31 août 1828, art. 46, 47 et 59.

(2) C. Proc., art. 408 et 260. — Ord. 31 août 1828, art. 48 et 49.

(3) C. Proc., art. 35, 36, 39 et 411. — Ord. 31 août 1828, art. 51, 54, 55, 56 et 57.

Si les reproches sont admis par le Conseil, le témoin ne sera pas entendu (1).

ART. 47. Si les témoins sont éloignés ou empêchés, le Conseil pourra, par un arrêté indiquant les faits et les témoins à entendre, commettre le Sous-Préfet de l'arrondissement, le juge de paix du canton ou même le maire de leur résidence, pour procéder à leur audition.

Il en sera dressé, dans la forme prescrite à l'article précédent, un procès-verbal qui sera signé par le témoin et le commissaire-enquêteur (2).

Dans ce cas, le témoin reproché sera entendu en sa déposition, mais sa déposition ne sera pas lue si les reproches sont admis par le Conseil (3).

ART. 48. Les témoins défaillants seront réassignés, et s'ils ne justifient pas d'une cause légitime d'empêchement, ils pourront être condamnés, outre les frais de la réassignation, à une amende de 10 à 100 fr., et à des dommages-intérêts envers la partie, s'il y échet (4).

ART. 49. Si le témoin requiert taxe, elle sera faite sur-le-champ par le Président de l'audience dans laquelle est faite l'enquête ou par le commissaire-enquêteur. Elle vaudra exécutoire contre la partie qui a demandé l'enquête, ou, si l'enquête a été ordonnée d'office, contre le

(1) C. Proc., art. 287 et 291.

(2) C. Proc., art. 412. — Ord. 31 août 1828, art. 53.

(3) C. Proc., art. 287 et 291.

(4) C. Proc., art. 263 à 266 et 413. — Ord. 31 août 1828, art. 52. — Cette mesure est nécessaire pour assurer le respect des décisions des Conseils de Préfecture.

demandeur, lorsque dans l'un ou l'autre cas les frais de l'enquête n'ont pas été préalablement consignés au greffe. Il en sera fait mention au procès-verbal (1).

Art. 50. S'il est demandé que la partie adverse soit interrogée sur tous les faits ou sur quelques-uns des faits articulés, ou que le serment lui soit déféré sur ceux dont elle a une connaissance personnelle, le Conseil pourra ordonner que cette interpellation ait lieu ou que le serment soit déféré à l'audience ou en la chambre du Conseil. Il sera dressé sur la feuille d'audience procès-verbal du résultat de l'interpellation ou du serment déféré (2).

Art. 51. Le Conseil pourra aussi d'office ordonner que les parties seront entendues en personne à l'audience ou dans la chambre du Conseil (2), ou déférer à l'une d'elles le serment lorsque les faits articulés, quoique non dénués de preuve, ne lui paraissent pas suffisamment justifiés.

Art. 52. Seront tenues, dans l'un et l'autre cas, les administrations d'établissements publics de nommer un administrateur ou agent auquel ils donneront pouvoir de répondre en leur nom sur les faits articulés (3).

---

(1) C. Proc., art. 277 et 301. — Ord. 31 août 1828, art. 58.

(2) C. Proc., art 324 et suivants, art. 428. — Ord. 31 août 1828, art. 71 à 80. — Quoique les cas d'interrogatoires sur faits et de serments déférés doivent être rares devant les Conseils de Préfecture, il faut néanmoins les prévoir, car si le cas se présente il est nécessaire que la forme en soit réglée.

(3) C. Proc., art. 336.

§ 2. — *Des expertises.*

ART. 53. Lorsqu'il s'agira, soit de constater l'état des lieux contentieux, soit de déterminer les travaux à faire et leur prix, soit de rechercher la nature, les causes et l'étendue d'un dommage, soit d'apprécier la valeur des indemnités ou dédommagements demandés, soit d'estimer des ouvrages, marchandises, objets mobiliers[1], en un mot dans tous les débats où les constatations et appréciations à faire exigent les connaissances spéciales d'hommes de l'art, il y aura lieu à expertise si les parties sont contraires en fait.

Il n'y aura pas lieu à expertise si le litige ne porte pas sur les faits, constats et appréciations dont la vérification soit nécessaire[1], mais seulement sur les conséquences juridiques de ces faits, constats et appréciations non contestés ou respectivement reconnus exacts.

ART. 54. En matière de dommage causé par des travaux publics, aucune action ne sera introduite devant le Conseil de Préfecture si préalablement il n'a été fait devant l'Administration, responsable du dommage, une tentative de conciliation[2].

A cet effet, le particulier qui prétend avoir souffert le dommage dont il lui serait dû réparation devra présenter à l'Administration un mémoire exposant sa de-

---

(1) C. Proc., art. 40, 41, 302, 317 et 429. — Ord. 31 août 1828, art. 62. — Loi 16 septembre 1807, art. 56. — Loi 21 mai 1836, art. 17. — Il est indispensable de fixer avec précision les cas où l'expertise serait frustratoire.

(2) Loi 28 octobre-5 novembre 1790, titre III, art. 15.— Loi 10 mai 1838, art. 37.

mande et ses conclusions. Il lui en sera délivré récépissé (1).

Si dans le délai d'un mois il n'est pas intervenu un arrangement amiable, il pourra déposer sa requête en

---

(1) Le principe du préliminaire de conciliation, prévu à titre obligatoire dans l'art. 54, est emprunté à l'art. 15, titre III, de la loi du 28 octobre-5 novembre 1790, concernant les actions en matière domaniale, et à l'art. 37 de la loi du 10 mai 1838 sur les Conseils généraux. Il s'explique et se justifie par son objet même, pour les dommages résultant des travaux publics. En effet, un particulier prétend avoir éprouvé un dommage de cette nature ; souvent l'Administration l'ignore, ou elle n'en connaît ni le caractère, ni l'importance. Il convient donc de l'en informer, pour la mettre à même d'apprécier s'il y a lieu de donner satisfaction à la demande, soit pour le tout, soit dans une certaine mesure sur laquelle on peut tomber d'accord à l'amiable. A quoi bon dès lors un procès avec ses formalités, ses difficultés et ses lenteurs inévitables ?

D'autre fois, l'Administration dira au réclamant : il se peut que votre demande soit fondée, je l'ignore et je suis prête, si elle l'est, à y donner satisfaction. Nommons chacun un expert pour examiner les lieux et pour nous éclairer réciproquement ; nous verrons ensuite quel parti chacun de nous doit prendre. Tel était l'objet de l'art. 56 de la loi du 16 septembre 1807, de sorte que l'affaire ne devait être soumise contentieusement au Conseil de Préfecture, suivant l'art. 57, qu'au cas où après l'expertise et la tierce expertise administratives, il n'intervenait pas un arrangement amiable.

Il nous paraît important de maintenir cette distinction et de décider que l'expertise conciliatoire, quand elle a eu lieu, aura valeur dans l'instance contentieuse pour éviter une double opération.

Quant à la forme nouvelle que nous proposons de donner à l'expertise contentieuse, un seul mot suffira pour la justifier aux yeux de tous les magistrats et administrateurs qui ont eu à prononcer sur des expertises, soit en matière civile ou commerciale, soit en matière administrative. Il est certain que, quand les parties nomment leurs experts, chaque expert, malgré le serment prêté, éprouve une propension naturelle en faveur de la partie qui l'a choisi ; que souvent il n'a été désigné qu'en raison des relations d'affaires ou d'amitié que les parties ou ses proches ont eues avec lui ;

indemnité au greffe du Conseil de Préfecture, en y joignant le récépissé du mémoire en conciliation (1).

Art. 55. Lorsque sur la tentative de conciliation il y aura eu une expertise amiable, contradictoirement

---

enfin qu'il a été quelquefois, soit avant le procès, soit depuis l'ouverture de l'instance consulté en particulier sur les questions mêmes de l'expertise.

Quoi qu'il en soit, les experts ne peuvent presque jamais s'entendre, même sur les faits et sur les dommages, et à plus forte raison sur les travaux à faire pour les réparer. Dès lors, leurs rapports ne présentent plus qu'une double plaidoirie faite par chaque expert en faveur de sa partie, comme s'il en était le mandataire. Si l'un des experts ne prend pas ce rôle, son opinion dans le rapport semble affaiblie devant les affirmations de son coexpert.

Il résulte de là, que la tierce expertise devient en réalité la seule expertise efficace dans laquelle les travaux des experts ne se présentent que comme les observations et dires des parties ou des hommes de l'art leurs mandataires, suivant le système d'un expert unique que nous proposons. Ce système a l'avantage d'être plus franc, plus réel, et surtout de faire opérer toutes les constatations par l'expert ou devant l'expert qui doit les apprécier et formuler son avis.

Nous ferons remarquer encore que, dans ce système, le droit des parties pour faire faire les constatations qu'elles jugent utiles au soutien de leurs conclusions, demeure entier ; que les opérations, au lieu d'être contrôlées, comme dans le système du Code de procédure, par l'expert de la partie adverse, qui souvent se borne à des dénégations, ou qui se place sur un tout autre terrain de discussion (dans lequel son coexpert ne le suit pas), sont faites ou contrôlées devant l'expert unique, sans pouvoir les éluder, ou, s'il y a lieu, par cet expert lui-même. Dans de telles conditions, l'expertise offre donc non-seulement plus de garantie, mais surtout des éléments beaucoup plus précis et mieux discutés, pour guider les juges dans leur appréciation.

Nous sommes persuadé que les tribunaux reconnaîtraient eux-mêmes qu'un tel système est préférable à celui du Code de procédure, car il leur arrive souvent de désigner un seul expert, toutes les fois que les parties y consentent.

(1) Loi 28 octobre-5 novembre 1790, titre III, art. 15.—Loi 10 mai 1838, art. 37.

faite dans les formes de l'art. 56 de la loi du 16 septembre 1807, mais non suivie d'arrangement, l'affaire ainsi instruite administrativement sera déférée au Conseil de Préfecture par la partie la plus diligente, et l'expertise sera admise comme document de l'instruction contentieuse (1).

Si le Conseil trouve dans cette expertise administrative les éléments suffisants pour statuer, il sera passé outre au jugement sur les pièces produites et sur les requêtes respectives discutant l'expertise et la tierce-expertise. Dans le cas contraire, il ordonnera un supplément d'expertise, laquelle sera faite suivant les règles tracées ci-après (1).

Art. 56. Dans les affaires pour lesquelles une expertise sera nécessaire, l'arrêté désignera un ou plusieurs experts, déterminera les objets de l'expertise, indiquera si le serment sera prêté devant l'un des membres du Conseil ou devant le Sous-Préfet de l'arrondissement du lieu du litige, et fixera le délai dans lequel l'expertise devra être effectuée.

Le délai courra du jour de la prestation de serment; il ne dépassera pas trois mois.

Aucune prorogation de délai ne sera accordée que par décision spéciale du Conseil, parties ouïes ou dûment appelées à l'audience (2).

---

(1) Loi 16 septembre 1807, art. 56 et 57.

(2) C. Proc., art. 302 à 307 et 429. — Ord. 31 août 1828, art. 62, 63 et 64. — La fixation d'un délai rigoureux est indispensable, car la longueur excessive des expertises est l'obstacle principal à la prompte expédition des affaires soumises aux Conseils de Préfecture.

Art. 57. Dans les huit jours de la nomination de l'expert, si les parties ont assisté ou ont été représentées à l'audience, et dans les huit jours de la notification de l'arrêté, si elles n'y ont pas assisté, l'expert pourra être récusé pour les mêmes motifs pour lesquels les témoins peuvent être reprochés devant les tribunaux civils(1).

Il sera statué d'urgence sur l'incident en la chambre du Conseil, la partie adverse et l'expert entendus en leurs observations ou dûment appelés(1).

Art. 58. Dans les trois jours de l'arrêté d'expertise, le Président rendra une ordonnance par laquelle il sera donné avis à l'expert ou aux experts de leur nomination, les invitera à déclarer au pied de ladite ordonnance s'ils acceptent cette mission de justice, et dans ce cas à venir prêter serment dans un délai de huitaine(2). Si l'expert ou l'un des experts refuse cette mission ou ne se présente pas pour prêter serment après une seconde interpellation, le Conseil, soit sur la requête de l'une ou l'autre partie, soit d'office, nommera un autre expert(2).

Il en sera de même en cas de décès, de démission ou d'impossibilité de vaquer à l'opération, survenue durant son cours.

Art. 59. L'expert ou les experts présenteront au conseiller ou au fonctionnaire qui recevra le serment une expédition authentique de l'arrêté d'expertise, au pied de laquelle il sera fait mention de ladite prestation de serment, du fonctionnaire qui l'a reçue et du jour où elle a eu lieu.

---

(1) C. Proc., art. 308 à 314 et 430. — Ord. 31 août 1828, art. 65 et 66.
(2) C. Proc., art. 307, 315 et 316. — Ord. 31 août 1828, art. 65 à 68.

Cette expédition sera remise à l'expert par la partie poursuivante, ou, à son défaut, l'expert se la fera délivrer par le secrétaire-greffier, sauf à en comprendre la dépense dans son état d'honoraires et de frais (1).

Art. 60. Le secrétaire-greffier remettra à l'expert ou aux experts toutes les pièces et documents du dossier propres à faciliter leur travail et à les éclairer sur les prétentions réciproques des parties (2).

Il en sera dressé un bordereau en double, dûment signé.

Art. 61. L'expert informera les parties huit jours au moins à l'avance et par lettres chargées à la poste, des jour, lieu et heure où l'expertise sera ouverte. A la fin de chaque opération il indiquera de même les jour, lieu et heure de l'opération suivante, si les parties sont présentes ou représentées, et par de nouvelles lettres chargées à la poste, si elles ne sont pas présentes, afin de les mettre en demeure d'y assister (2).

Art. 62. L'expert procédera, en présence des parties, à la visite des lieux contentieux et à l'examen de la demande et de la défense, pour régler l'ordre et l'objet des diverses constatations à faire.

Les parties, ou les hommes de l'art dont elles pourront se faire assister, présenteront leurs observations et indiqueront les constatations supplémentaires qu'elles demandent ou qu'elles entendent faire devant l'expert dans leur intérêt.

Il en sera fait mention expresse au procès-verbal.

Les parties n'en demeurent pas moins libres, jusqu'à

(1) C. Proc., art. 307, 315 et 316. — Ord. 31 août 1828, art. 65 à 68.
(2) C. Proc., art. 317. — Ord. 31 août 1828, art. 69.

la clôture du rapport, de demander d'autres constatations ou de rectifier celles qui auront été d'abord déterminées. Il en sera également fait mention au procès-verbal [1].

Art. 63. Il sera procédé, sur les lieux contentieux, à ces diverses constatations, soit par l'expert, soit en sa présence par les parties elles-mêmes ou leurs mandataires. L'expert fera aussi d'office et devant elles toutes celles qu'il jugera utiles.

Si les parties ou leurs mandataires n'assistent pas à l'expertise, il en sera fait mention au procès-verbal et l'expert procédera seul à l'opération.

Art. 64. Les observations, constatations et appréciations présentées par les parties dans l'expertise, se borneront aux points de fait, les seuls que l'expert ait mission de reconnaître ou de vérifier. Elles ne pourront porter, même sous prétexte d'un raisonnement par voie de conséquence, sur les points de droit, qu'il ne lui appartient pas de discuter et sur lesquels il n'est pas appelé à exprimer son avis.

Art. 65. L'expert, soit sur les lieux contentieux, soit dans les conférences en son cabinet avec les parties ou les hommes de l'art qui les assistent, déterminera les points du débat sur lesquels les parties sont d'accord, ceux sur lesquels le désaccord existe et en quoi il consiste.

Il proposera, s'il y a lieu, des moyens de conciliation, et les constatera s'ils sont accueillis. Dans le cas con-

---

[1] C. Proc., art. 317. — Ord. 31 août 1828, art. 69.

traire, il fera connaître les motifs de refus opposés par l'une ou l'autre partie.

ART. 66. L'expert, dans son rapport, résumera les observations et constatations contradictoires faites devant lui par les parties. Il les discutera, s'il y a lieu, et il en exprimera son avis motivé.

Si les observations ou dires sont présentés par écrit ou appuyés de plans, devis ou autres actes, ces documents seront visés par l'expert, certifiés exacts par lui ou contestés, et ils seront annexés au procès-verbal de rapport.

L'expert fera ensuite connaître son avis motivé sur chacun des objets de l'expertise déterminés par l'arrêté qui l'aura ordonnée, et les solutions dont les divers détails de l'affaire lui paraissent susceptibles (1).

ART. 67. Lorsque la partie qui poursuit l'expertise, après l'interpellation par lettre chargée et l'interpellation verbale sur les lieux, ne fournira pas à l'expert les moyens de procéder à l'opération ou les documents invoqués et qui sont nécessaires à son travail, il en sera fait mention au procès-verbal. Dans ce cas, l'expert constatera seulement les points pour lesquels les facilités convenables lui ont été données, et le Conseil décidera, au vu du rapport, si la demande doit être rejetée comme n'étant pas suffisamment justifiée par la partie demanderesse, ou s'il peut être statué au fond, nonobstant l'insuffisance de l'instruction imputable à la partie (2).

ART. 68. Dans les expertises sur les demandes en indemnités pour dommages causés par des travaux publics,

(1) C. Proc., art. 318.

(2) Ce cas se présente assez fréquemment, et il importe de le régler.

l'expertise pourra comprendre, si l'administration le requiert, l'évaluation du dommage résultant non-seulement des travaux déjà exécutés, mais de ceux qui, étant prévus dans le projet d'ensemble, y sont liés par connexité comme en étant la conséquence nécessaire, et doivent être ultérieurement entrepris[1].

Dans ce cas, si la demande est formée par le propriétaire, les locataires seront mis en cause soit par lui, soit par l'Administration, afin que la décision à intervenir prononce sur tous les intérêts qui pourront être lésés par les travaux futurs. Il en sera de même pour le propriétaire lorsque l'action principale est intentée par un locataire [1].

Si l'immeuble est vendu ou loué à un nouveau locataire dans l'intervalle entre la décision du Conseil de Préfecture et l'exécution des travaux futurs, le nouveau propriétaire et le nouveau locataire n'auront de recours à exercer que contre l'ancien propriétaire ou sur la somme qui lui serait encore due à titre d'indemnité[1].

---

(1) L'art. 68 prévoit le cas où les travaux devant s'exécuter à plusieurs reprises et successivement, il y a lieu d'éviter un double procès, par exemple quand, dans l'abaissement du niveau d'une rue, on laisse devant les maisons des banquettes provisoires qui devront être plus tard supprimées. Les dommages qui résulteront des travaux futurs, pouvant être appréciés en même temps que ceux causés par les travaux effectués, il y a utilité de les comprendre dans l'expertise, en raison de leur connexité. — Il est évident que dans ce cas les locataires et le propriétaire doivent être mis en cause, car le droit à une indemnité pour dommage éprouvé constitue un droit personnel et mobilier qui s'ouvre au moment où le préjudice se réalise et au profit de celui à qui il est causé. L'article doit donc pourvoir à ce qu'aucun intéressé ne puisse ultérieurement renouveler le procès en invoquant la règle *res inter alios acta*.

Art. 69. Lorsque le propriétaire ou les locataires, à qui les travaux publics ont causé dommage, n'intentent pas l'action en indemnité, l'Administration pourra, en leur faisant des offres (1) suivant l'art. 103, comme dans le cas d'expropriation pour cause d'utilité publique, provoquer l'expertise, y faire procéder même en l'absence des intéressés s'ils refusent d'y prendre part, et consigner le montant de l'indemnité qui sera jugée leur être due (2).

Art. 70. Si le propriétaire ou l'un des locataires d'un immeuble a intenté isolément l'action en indemnité, l'Administration peut de même mettre en cause les autres locataires intéressés ou le propriétaire par une action en validité des offres.

Dans ce cas, l'expertise portera sur tous les intérêts en litige, sauf à les distinguer entre eux, et il y sera procédé, même en l'absence des intéressés mis en cause, s'ils refusent d'y prendre part. Le montant de l'indemnité qui sera jugée être due à chacun d'eux, sera consignée du chef de ceux qui ont refusé d'intervenir (2).

---

(1) C. Nap., art. 1146, 1147, 1234, 1235, 1257, 1260, 1370 et 1382. — Loi 28 pluviôse an VIII, art. 4, § 4.

(2) Loi 3 mai 1841, art. 23, 24, 28, 53, 54, 59. — Lorsque des travaux publics causent un dommage à un particulier, il en naît sur-le-champ, au profit de ce particulier et de la part de l'Administration, l'obligation de lui payer une indemnité à titre de dommages-intérêts. (Loi du 28 pluviôse an VIII, art. 4, § 4). C'est une des obligations qui se forment sans conventions, suivant l'art. 1370 du Code Nap., et naissent d'un fait dommageable, obligeant celui qui l'a accompli à le réparer. Or, comme aux termes des art. 1234 et suivants du Code Nap., tout débiteur a le droit de se libérer de son obligation, quand elle n'est pas soumise à un terme, il en résulte qu'on doit reconnaître à l'Administration le droit de prendre l'ini-

Art. 71. Le rapport de l'expert comprendra : 1° la description sommaire des lieux contentieux sur lesquels porte le procès, mais seulement en ce qui sera nécessaire à l'intelligence de l'affaire ; 2° l'ordre et l'objet des constatations à faire ; 3° les constatations demandées par les parties et l'objet qu'elles se proposent en les demandant ; 4° le résultat de chacune des opérations auxquelles il aura été procédé avec les observations des parties, si elles en ont présentées, et l'avis de l'expert ; 5° l'avis d'ensemble et les propositions motivées de l'expert.

Son étendue ne dépassera pas ce que comporte une exposition précise et abrégée des points litigieux de l'affaire (1).

Art. 72. Lorsqu'il y aura plusieurs experts, ils procéderont toujours ensemble ; le rapport sera écrit par l'un d'eux et signé par tous.

---

tiative, si elle le juge opportun, pour faire régler l'indemnité qu'elle peut devoir par suite de dommages provenant des travaux publics. A cet effet, l'action s'exercera, comme en matière civile quand un débiteur veut se libérer malgré le créancier qui, dans un intérêt quelconque, refuse le payement d'une dette ou d'une obligation. Il y aura, de la part de l'Administration, offres de l'indemnité due pour le dommage causé, et, en cas de refus, demande en validité des offres portées devant le Conseil de Préfecture, puis consignation de l'indemnité après la décision. — Cette procédure est utile dans beaucoup de cas que l'expérience a révélés ; elle est simple, facile et claire ; elle n'a rien d'insolite, puisque le principe en est emprunté aux articles précités de la loi du 3 mai 1841 sur l'expropriation pour cause d'utilité publique, où sont réglées également les offres à faire aux propriétaires et locataires pour se libérer envers eux de l'indemnité qui leur est due. Il importe donc de l'édicter, dans l'intérêt de l'Administration comme dans l'intérêt des parties elles-mêmes.

(1) C. Proc., art. 317, 318, 1017 et 1018.

ART. 73. En cas de désaccord entre les experts, chacun exprimera séparément son avis et indiquera les motifs qui ont servi de base soit à une appréciation, soit à une évaluation autre que celle de son coexpert.

Dans ce cas, il y aura lieu à une tierce expertise ; le tiers-expert sera nommé d'office par le Conseil de Préfecture [1].

ART. 74. Le tiers-expert prêtera serment comme les experts et procédera en la même forme que l'expert unique. Il sera tenu de visiter les lieux en présence des parties et des experts, ou eux et elles dûment appelés.

Il pourra, suivant les circonstances, ou se borner à discuter les opinions contradictoires des experts et à émettre à ce sujet son avis motivé, ou bien procéder aux nouvelles constatations qu'il jugera nécessaires, et émettre un nouvel avis d'ensemble avec ses propositions motivées [1].

ART. 75. Si le Conseil ne trouve point dans le rapport les éclaircissements suffisants, il pourra ordonner d'office, soit un supplément d'expertise par le même ou les mêmes experts, en indiquant les points sur lesquels elle doit porter, soit une nouvelle expertise dont l'objet sera exactement déterminé [2].

ART. 76. Le Conseil n'est point astreint à suivre l'avis des experts, si sa conviction s'y oppose [3]. Il ne pourra pas se borner à entériner le rapport, mais devra statuer

(1) C. Proc., art. 317, 318, 1017 et 1018. — Loi 16 septembre 1807, art. 56. — Loi 31 mai 1836, art. 17.

(2) C. Proc., art. 322.

(3) C. Proc., art. 323.

par décision motivée, sauf à emprunter, s'il y a lieu, les raisons données dans le rapport.

ART. 77. L'expert qui, après avoir prêté serment, ne remplira pas sa mission, ou qui l'ayant remplie refusera ou retardera le dépôt de son rapport, pourra être condamné par le Conseil, qui l'a commis, à une amende de 3 à 10 fr. par chaque jour de retard, sans préjudice de la condamnation à tous les frais frustratoires et même aux dommages-intérêts s'il y échet (1).

ART. 78. Le rapport sera déposé en minute au greffe du Conseil (2), avec les pièces communiquées.

Il en sera délivré récépissé à l'expert.

Le rapport d'expertise devant ou pouvant faire titre (3)

---

(1) C. Proc., art. 316. — Ord. 31 août 1828, art. 69, § 2. — Le motif de cette disposition est tiré d'un grave abus que l'expérience a révélé dans les expertises, et qui est fort commun, comme le savent tous les magistrats, lorsque les experts sont nommés par les parties, suivant le Code de procédure et la loi du 16 septembre 1807. Il arrive souvent que l'expert veut être payé d'avance de ses frais et honoraires par la partie avant d'agir, et au taux qu'il indique lui-même. Si ce payement préalable n'est pas effectué, il n'agit pas et oppose la force d'inertie. La partie hésite à le contraindre, de peur de le rendre défavorable à sa cause, et finit par le satisfaire, ce qui le transforme en un véritable mandataire soutenant comme homme de l'art les prétentions de son client.

Il y a aussi une autre raison de la lenteur qui est quelquefois apportée aux expertises : c'est que dans ce cas on peut compter un nombre de vacations beaucoup plus considérable que quand elle est faite promptement, et obtenir ainsi des honoraires plus élevés.

Nous savons que les experts honorables ne se livrent pas à de telles pratiques ; mais il suffit qu'il y en ait des exemples pour qu'il soit utile d'y mettre un terme par une disposition sévère.

(2) C. Proc., art. 319. — Ord. 31 août 1828, art. 70.

(3) Loi 13 brumaire an VII, art. 12, § 1er, et du 28 avril 1816, art. 43, n° 16.

et étant produit tant pour demande que pour défense, sera écrit sur papier timbré de format d'expédition. Il sera enregistré dans les vingt jours de sa clôture (1).

Art. 79. Le Conseil fera donner avis du dépôt du rapport, par lettres chargées à la poste, aux parties en cause, avec invitation d'en prendre communication et de présenter, si elles le jugent à propos, leurs observations écrites sur ce document.

Un délai de quinze jours leur sera respectivement accordé pour la production de ces requêtes qui compléteront l'instruction.

Art. 80. Les experts joindront à leur rapport un état de leurs vacations, frais et honoraires, et ils en demanderont le règlement et la taxe.

La liquidation et la taxe en seront faites par arrêté du Président (2), suivant les règles et le tarif des dépens établis ci-après.

Avis en sera donné aux parties et à l'expert par le greffier.

L'arrêté de taxe sera exécutoire contre la partie qui aura requis l'expertise ou qui l'aura poursuivie si elle a été ordonnée d'office (2).

Les vacations des hommes de l'art qui auront assisté les parties dans les opérations de l'expertise demeureront à leur charge respective.

Art. 81. Si l'expert qui a requis la taxe la trouve insuffisante, il pourra attaquer l'arrêté du Président par

---

(1) Loi 13 brumaire an VII, art. 12, § 1er, et du 28 avril 1816, art. 43, n° 16.

(2) C. Proc., art. 319.

la voie de l'opposition, devant le Conseil de Préfecture dans le délai de trois jours, à partir de la notification qui lui en sera faite ou de la connaissance qu'il en aura acquise. Les parties, si elles trouvent la taxe exagérée, auront le même droit, par la même voie et dans le même délai (1).

Dans l'un et l'autre cas, avis de la demande en révision de la taxe sera donné aux parties et à l'expert; le Conseil, sur leurs requêtes et après les avoir entendus s'il y a lieu, statuera en la chambre du Conseil.

Le Président qui a réglé la taxe pourra prendre part à la délibération sur l'opposition.

§ 3. — *Des visites de lieux, des arbitrages et des référés.*

ART. 82. Dans les cas où il le croira nécessaire, le Conseil pourra ordonner que l'un des conseillers se transportera sur les lieux contentieux, soit pour y faire lui-même certaines vérifications et constatations, soit pour assister à quelques opérations de l'expertise, ou pour les faire répéter en sa présence, soit pour faire opérer par l'expert des constatations propres à éclairer le Conseil sur certains points du litige (2).

---

(1) 2e déc. 16 février 1807, art. 6.

(2) C. Proc., art. 295 à 301. — Ord. 31 août 1828, art. 60 et 61. — La visite des lieux étant une mesure de vérification ordonnée par le Conseil et accomplie par l'un des juges, elle ne saurait être l'objet d'un débat contradictoire de la part des parties. C'est seulement les dires réciproquement produits durant la visite des lieux, qui pourront être discutés à l'audience, s'il y a lieu, en présence du conseiller qui y a procédé et connaît tous les détails sur lesquels porte le débat.

A moins que le Conseil n'en ait autrement ordonné, les parties et l'expert seront avertis du transport et de son objet, trois jours au moins à l'avance, par lettres du secrétaire-greffier chargées à la poste.

Art. 83. Le rapport concernant la visite des lieux ne sera pas fait par écrit, il sera seulement présenté en la chambre du Conseil.

S'il y a eu des dires exprimés par les parties ou des observations faites par l'expert, ces documents seront joints aux autres pièces du procès et pourront donner lieu à discussion (1).

Art. 84. S'il y a lieu de renvoyer les parties devant des arbitres-experts, pour examen de comptes, pièces et registres, ou pour tous autres débats ne comportant pas une expertise, il sera nommé par le Conseil un ou plusieurs arbitres pour entendre les parties, faire toutes les recherches et vérifications nécessaires à l'instruction de l'affaire, et les concilier si faire se peut, sinon donner leur avis motivé (2).

L'arbitre-expert ou les arbitres-experts prêteront serment, et il sera procédé devant eux ou par eux suivant les règles qui viennent d'être tracées pour les experts.

Art. 85. En cas d'urgence, toute partie pourra, par

(1) Voir la note 2 de la page précédente.

(2) C. Proc., art. 429, 430 et 431. — Il a paru utile de faire entre les expertises et les arbitrages la même distinction que fait le Code de procédure, pour les cas où il s'agit de vérifier, non des choses matérielles telles que travaux, états de lieux, ouvrages; mais des écritures, des comptes ou des documents produits dans une instance. Malgré la grande analogie, il existe une certaine différence qu'il convenait de signaler.

requête de référé présentée au Président, demander qu'un expert soit commis pour faire des constatations indispensables à la justification des prétentions qu'elle entend produire.

Lorsque le Président ne croit pas devoir obtempérer à la requête, le Conseil de Préfecture sera convoqué sur-le-champ pour statuer. Si, en raison d'absence ou d'empêchement, le Conseil ne peut pas être réuni immédiatement en nombre légal pour délibérer, l'affaire sera portée en tête du rôle de la première audience (1).

Il en sera de même pour les décisions à rendre d'urgence sur les divers incidents de la procédure (1).

CHAPITRE III.

DES INCIDENTS QUI PEUVENT SURVENIR DURANT L'INSTRUCTION D'UNE AFFAIRE.

§ 1er. — *Des demandes incidentes.*

ART. 86. L'instruction des affaires ayant lieu par écrit, et le Conseil ne devant statuer que sur les requêtes respectivement produites et sur les pièces dont elles

---

(1) C. Proc., art. 806 et suiv. — Quoique les cas d'urgence soient rares, il importe néanmoins de les prévoir et de régler la procédure du référé. Ainsi, durant l'exécution des travaux d'une entreprise, il peut s'élever, concernant l'application du cahier des charges, des contestations dont la vérification doive avoir lieu sur-le-champ, parce que plus tard les éléments d'appréciation auront disparu. Un simple constat non contradictoire ne peut suffire; il faut un expert commis en référé.

sont appuyées, aucune demande incidente ne sera admise au cours de l'instance sans une décision du Conseil, qui en reconnaîtra l'utilité pour l'instruction de la demande principale (1).

S'il est établi que la demande incidente admise à l'instruction aurait pu être comprise dans l'une des requêtes au principal, la partie qui l'aura ainsi tardivement formée en supportera seule tous les dépens (1).

Art. 87. Lorsque le défendeur, avant de répondre au fond à la requête introductive d'instance, voudra opposer des exceptions dilatoires, préjudicielles ou autres, qui, si elles étaient admises, rendraient inutile la défense au fond, il le fera par une requête spéciale déposée au greffe, laquelle sera communiquée au demandeur avec invitation d'y répondre.

Il sera procédé à l'instruction et au jugement de cette demande incidente dans la même forme que pour une demande principale, sauf le délai, qui sera réduit à huit jours.

Il en sera de même pour les exceptions que le demandeur voudra opposer à la requête en défense au principal, présentée par le défendeur.

Art. 88. L'intervention ne sera admise que quand l'intervenant a un intérêt direct dans l'instance ouverte, et qu'à défaut de sa présence au procès, il aurait le droit d'attaquer par la tierce-opposition l'arrêté à intervenir (2).

---

(1) C. Proc., art. 337 et 338. — Déc. 22 juillet 1806, art. 18 et 19. — Ord. 31 août 1828, art. 83, 84 et 85.

(2) Déc. 22 juillet 1806, art. 21. — C. Proc., art. 339, 340, 466 et 474.— Ord. 31 août 1828, art. 87 à 92.

Art. 89. L'intervention ne pourra retarder le jugement de la cause principale quand elle sera en état [1].

La requête en intervention est soumise aux mêmes règles que les requêtes principales. Elle sera notifiée à toutes les parties en cause, qui seront mises en demeure d'y répondre [1].

§ 2. — *Des diverses exceptions dilatoires ou préjudicielles.*

Art. 90. Les étrangers demandeurs ne seront pas obligés, en matière administrative, de fournir caution de payer les frais et les dommages-intérêts auxquels ils pourront être condamnés [2].

Art. 91. Si le Conseil de Préfecture est incompétent à raison de la matière ou à raison de ce que la connaissance du litige appartient à la juridiction du Conseil de Préfecture d'un autre département, le renvoi pourra être demandé en tout état de cause; si le renvoi n'était pas demandé, le Conseil sera tenu de renvoyer d'office devant qui de droit [3].

Si la contestation est connexe à une autre cause déjà pendante devant un Conseil de Préfecture compétemment saisi à raison du lieu, le renvoi pourra être demandé et ordonné [3].

Art. 92. Dans le cas où le déclinatoire doit être rejeté,

---

(1) Déc. 22 juillet 1806, art. 21.— C. Proc., art. 339 et 340, 466 et 474.— Ord. 31 août 1828, art. 87 à 92.

(2) C. Proc., art. 423.

(3) C. Proc., art. 170, 171 et 424.

le même arrêté pourra statuer sur le fond, mais par deux dispositions distinctes: l'une sur la compétence, l'autre sur le fond [1].

ART. 93. Dans les affaires dont la procédure sera suspendue, suivant l'art. 35, par la notification du décès de l'une des parties, la reprise d'instance se fera par requête déposée au greffe, pour être notifiée administrativement à la partie sommée de reprendre l'instance [2].

L'instance suspendue pourra aussi être reprise, sans attendre la mise en demeure, par requête sommaire déposée au greffe et notifiée à la partie adverse.

ART. 94. Les veuves et les héritiers qui sont encore dans les délais déterminés par l'art. 174 du Code de Procédure civile pour faire inventaire et délibérer, ne pourront être mis en demeure de reprendre l'instance ou d'y défendre qu'après l'expiration desdits délais. Si leurs qualités ou les délais sont contestés, ils seront renvoyés aux tribunaux ordinaires pour y être réglés et ensuite être jugés sur le fond par le Conseil de Préfecture [3].

ART. 95. Si une pièce invoquée dans une requête n'a pas été produite, la partie adverse pourra, dans sa réponse, demander qu'elle soit communiquée ou écartée du débat [4].

ART. 96. Si une pièce produite est méconnue, déniée

---

(1) C. Proc., art. 425.

(2) Déc. 22 juillet 1806, art. 22 et 23. — Ord. 31 août 1828, art. 93, 94 et 95.

(3) C. Proc., art. 174 et 426. — Ord. 31 août 1828, art. 96 à 103.

(4) C. Proc., art. 188 à 192.

ou arguée de faux, et que la partie persiste à s'en servir, le Conseil renverra devant les juges qui doivent en connaître, et il sera sursis au jugement de la demande principale (1).

Néanmoins, si la pièce n'est relative qu'à un des chefs de la demande principale, il pourra être passé outre au jugement des autres chefs (1).

Il sera de même passé outre au jugement sur le fond lorsque la décision définitive ne dépend pas de la pièce contestée (1).

Art. 97. Celui qui prétendra avoir le droit d'appeler un tiers en garantie devant le Conseil de Préfecture, sera tenu de le faire, dans la quinzaine du jour de la demande originaire, par une requête déposée au greffe.

Il en sera donné communication à la partie adverse et à l'appelé en garantie, qui devront répondre dans le même délai. Le Conseil statuera sur l'incident (2).

L'appel en garantie ne sera admis qu'autant que le Conseil de Préfecture serait compétent pour connaître des contestations sur le lien de droit invoqué par le demandeur en garantie contre le tiers appelé en cause.

Art. 98. Lorsqu'une partie veut former un désaveu relativement à des actes ou procédures faits en son nom ailleurs que devant le Conseil de Préfecture, ou même devant le Conseil de Préfecture par un mandataire agissant au delà de son pouvoir, si ces actes peuvent influer sur la décision de la cause qui y est portée, sa demande,

---

(1) C. Proc., art. 14, 193 et suiv., 214 et suiv., 427.—Déc. 22 juillet 1806, art. 20. — Ord. 31 août 1828, art. 81, 82, 113 à 117.

(2) C. Proc., art. 32, 33, 175 et suiv.

déposée au greffe, devra être communiquée aux autres parties, qui seront mises en demeure d'y répondre (1).

Si le Conseil estime que le désaveu mérite d'être instruit, il renverra l'instruction et le jugement devant les juges compétents, pour y être statué dans le délai qui sera réglé.

A l'expiration de ce délai, il sera passé outre au rapport de l'affaire principale, sur le vu du jugement du désaveu ou faute de le rapporter (1).

Art. 99. Dans le cas où l'exécution de la décision administrative attaquée serait de nature à causer un tort irréparable, le Conseil pourra, sur la demande de la partie, accorder un sursis à l'exécution ou ordonner que l'exécution provisoire n'aura lieu qu'à la charge de faire constater contradictoirement l'état actuel des choses, et au besoin de donner caution pour la réparation du dommage présumé. Il fixera le délai dans lequel l'affaire devra être, vu l'urgence, instruite et jugée au fond (2).

La demande en sursis devra être formée en même temps que l'instance principale et par la même requête. Le défendeur pourra s'opposer au sursis par requête spéciale, sans préjudice de sa défense au fond (2).

---

(1) Déc. 22 juillet 1806, art. 25. — C. Proc., art. 352 et 357. — Ord. 31 août 1828, art. 104 à 112.

(2) Ord. 31 août 1828, art. 86. — Déc. 22 juillet 1806, art. 3. — C. Proc., art. 459 et 460. — Les décisions administratives sont exécutoires par provision, et le recours contentieux devant le Conseil de Préfecture n'est pas suspensif, ainsi qu'il est dit à l'art. 10 du présent projet. Les cas où le sursis pourra être prononcé sont donc fort rares; cependant il s'en est présenté quelquefois, par exemple, pour des arrêtés ordonnant des fouilles et des extractions de matériaux destinés à des travaux publics, dans des

ART. 100. La partie qui voudra demander que l'un des membres du Conseil s'abstienne, comme étant dans l'un des cas de récusation prévus par les nos 1, 2, 3 et 4 de l'art. 44 du Code de Procédure, en exposera les motifs dans une requête spéciale adressée au Préfet, qui la communiquera au Conseiller indiqué. Si le Conseiller déclare qu'il s'abstiendra, il sera passé outre, sans sa participation au jugement de l'affaire [1].

Si le Conseiller refuse de s'abstenir, il en donnera les motifs, que le Préfet transmettra au Ministre de l'Intérieur, avec la requête et son avis. Le Ministre prononcera en ces termes : « Il y a lieu ou il n'y a pas lieu, » et l'affaire suivra son cours suivant la décision ministérielle.

Cet incident, qui devra être proposé en même temps que la première requête, n'interrompra pas le cours de l'instruction jusqu'à ce que l'affaire soit en état, mais il ne sera passé outre au jugement qu'après la décision du Ministre.

En cas de pourvoi contre la décision définitive du Conseil de Préfecture, le Conseil d'État pourra se faire représenter les pièces relatives à l'incident, et décidera si le refus d'abstention était fondé [1].

---

terrains ou jardins plantés d'arbres dont l'abattage serait une perte irréparable. Sur le recours du propriétaire contre l'arrêté qu'il soutient avoir indûment ordonné la fouille dans son terrain, il peut y avoir intérêt de prononcer un sursis à l'exécution. — La disposition de cet art. 99 est empruntée à l'art. 86 de l'ord. du 31 août 1828 sur les conseils du contentieux dans les colonies, et à l'art. 3 du décret du 22 juillet 1806.

(1) C. Proc., art. 44 à 47, 368 à 377, 378 à 396, 506 et 507. — Ord. 31 août 1828, art. 118 à 120. — Quoique le cas soit fort rare, il doit être prévu comme il l'a été pour les juges de paix, les juges des tribunaux civils, et les membres des Conseils du contentieux administratif aux colonies.

Art. 101. Il en sera de même au cas où un Conseil de Préfecture aurait refusé de répondre aux requêtes ou négligé de juger les affaires en état et en tour d'être jugées (1).

§ 3. — *Des offres de payement.*

Art. 102. Lorsque le débiteur ou l'Administration, débitrice d'une somme dont le chiffre est contesté ou d'une indemnité due pour fouille, extraction de matériaux ou dommage causé par des travaux publics, aura fait des offres de payement, soit dans sa requête en réponse à la demande des créanciers, soit dans une requête spéciale au cours de l'instance, le créancier sera tenu de déclarer s'il les accepte. Dans ce cas, le Conseil donnera aux parties acte réciproque des offres et de leur acceptation (2).

Dans le cas contraire, si, à la suite de l'instruction et de l'expertise, le montant de la condamnation est inférieur ou égal aux offres, tous les frais faits postérieurement aux offres seront à la charge du créancier qui les a refusées (2).

Art. 103. En matière de dommage causé par des fouilles, extractions de matériaux ou travaux publics, si l'Administration, sans attendre l'action en indemnité des propriétaires et locataires, veut se libérer envers eux

---

(1) C. Proc., art. 44 à 47, 368 à 377, 378 à 396, 506 et 507. — Ord. 31 août 1828, art. 118 à 120.

(2) C. Proc., art. 524 et 525.—C. Nap., art. 1146, 1147, 1234, 1235, 1257 et 1260. — Voir la note sur l'art. 69.

des obligations qui lui incombent, elle le pourra faire, en leur notifiant des offres avec un état de décompte motivé, établissant ce qu'elle reconnaît leur être dû [1].

Dans les quinze jours de ladite notification, les propriétaires ou locataires interpellés seront tenus de déclarer leur acceptation, ou, s'ils n'acceptent pas les offres qui leur sont faites, d'indiquer le montant de leurs prétentions [2].

S'ils refusent ou ne répondent pas, l'Administration présentera au greffe du Conseil une requête en validité des offres, laquelle sera notifiée aux intéressés. Il sera suivi sur cette instance dans les formes prescrites ci-dessus pour les demandes principales [2].

Après la décision prononçant sur l'indemnité due, le montant, en cas de refus des ayants droit, sera déposé à la Caisse des dépôts et consignations [2].

§ 4. — *De la péremption des instances et de la prescription des actions.*

Art. 104. Seront périmés de plein droit : 1° les arrêtés par défaut qui n'auront pas été exécutés dans les six mois de la date de leur obtention ; 2° toutes instances par discontinuation des poursuites pendant six mois, à partir du jour où la partie adverse devait ré-

---

(1) C. Proc., art. 524 et 525. — C. Nap., 1146, 1147, 1234, 1235, 1257 et 1260. — Voir la note sur l'art. 69.

(2) Loi 3 mai 1841 sur l'expropriation, art. 23, 24, 28, 53, 54 et 59. — C. Proc., art. 812 à 818. — Voir la note sur l'art. 69.

pondre. Ce délai sera augmenté de trois mois dans les cas où il y aura lieu à reprise d'instance (1).

Art. 105. La péremption n'éteint pas l'action ; elle emporte seulement extinction de la procédure, qui ne pourra être recommencée que par une requête nouvelle (1).

En cas de péremption, le demandeur supportera tous les frais de la procédure périmée (1).

Art. 106. L'action en indemnité pour dommages causés par des travaux publics, pour fouilles et extractions de matériaux, dépôts et enlèvements de terre, occupations temporaires de terrains et autres dommages procédant de l'exécution de travaux publics, sera prescrite par le laps de deux ans à partir de l'achèvement des travaux, s'il n'y a eu aucune demande présentée au Conseil de Préfecture, et à partir du jour où la procédure sera périmée si l'instance a été ouverte (2).

---

(1) C. Proc., art. 156, 397, 401 et 469. — Ord. 31 août 1828, art. 36. — Si la péremption est utile en matière civile, elle l'est bien plus encore dans les affaires administratives pour lesquelles il importe extrêmement de ne pas laisser les instances en suspens et d'arriver le plus vite possible à une solution définitive.

(2) Loi du 21 mai 1836, art. 18.—La prescription édictée par la loi sur les chemins vicinaux contre les actions en indemnité, est fondée, d'une part, sur la présomption que le dommage était peu important ou était compensé par les avantages résultant des travaux, puisque le propriétaire lésé a laissé passer deux ans sans réclamer; et, d'autre part, sur ce que, après ce laps de temps, il est souvent difficile de reconnaître et de constater l'état ancien de la propriété avant les travaux, et, par conséquent, quels dommages ont pu être causés. Les mêmes raisons s'appliquent évidemment aux autres travaux publics avec plus de force encore que pour ceux des chemins vicinaux. Sans cette prescription, il faudrait admettre qu'après un laps de temps de 10 ou 15 ans, et même de 29 ans, c'est-à-dire quand tout

ART. 107. Seront également prescrites par le même laps de temps et avec les mêmes distinctions toutes actions fondées sur l'exécution, l'inexécution ou la résiliation des marchés de fournitures, d'entreprises ou de travaux publics, ainsi que toutes autres actions fondées sur des droits ouverts pour des actes d'administration et dont la connaissance appartiendra au Conseil de Préfecture (1).

---

souvenir des travaux et, à plus forte raison, de l'état ancien de la propriété a disparu, un propriétaire ou un locataire pourrait intenter une demande en indemnité. Nous avons eu l'exemple de propriétaires et de locataires venant, après 15 ans, réclamer des indemnités pour le dommage résultant de plusieurs marches établies devant leurs immeubles, par suite d'un abaissement de la voie publique. On conçoit que l'accumulation de dommages annuels, durant une si longue période de temps, constituerait une indemnité dont le chiffre dépasserait dix fois celui de la dépense à faire pour raccorder sur-le-champ l'immeuble avec la voie publique; mais c'est là une mesure à laquelle l'Administration ne peut forcer le propriétaire qu'en ayant recours à l'action en offres établie par l'art. 102 du présent décret.

Malgré cette disposition, qui doit ouvrir une action en offres, il nous paraît utile de mettre un terme à toute réclamation et à toute incertitude sous ce rapport pour l'Administration, en édictant la prescription de deux ans pour l'exercice d'une telle action en indemnité. Elle ne serait pas aussi contraire qu'on le pourrait croire, à première vue, au caractère d'une loi de procédure, car il s'agit de la recevabilité d'une action, ce qui est du domaine de la procédure. Il y a, d'ailleurs, dans le Code de procédure, des dispositions analogues, notamment celles sur les actions possessoires.

Enfin, il nous a paru que l'art. 18 de la loi du 21 mai 1836 est obscur et insuffisant, et qu'il convient de le compléter. Il ne parle, en effet, que des terrains qui ont servi à la confection des chemins et des extractions de matériaux, tandis qu'il est évident que la prescription doit s'appliquer par la même raison aux dépôts ou enlèvements de terre et aux occupations temporaires de terrains dont il est parlé en l'art. 17.

(1) C. Nap., art. 2272, § 3, et 2274.— Il y a, pour cette prescription, les

§ 5. — *Du désistement et de l'acquiescement.*

ART. 108. Le désistement et l'acquiescement peuvent être faits par de simples actes signés des parties ou de leurs mandataires et déposés au greffe. Il leur en sera donné acte respectivement par le Conseil [1].

Si l'acte d'acquiescement ou de désistement n'est pas pur et simple et contient des conditions non agréées par la partie adverse, le Conseil statuera sur le maintien ou le rejet desdites conditions, pour mettre fin au procès [1].

---

mêmes raisons que pour celle de l'article précédent, et de plus, les raisons qui ont fait édicter les prescriptions particulières du Code Napoléon. Il importe qu'en matière administrative, les actions soient intentées sans retard aucun, car outre les difficultés pour la solution du procès, quand il s'est écoulé un certain laps de temps, il en peut résulter des complications fâcheuses dans la marche de l'Administration. Ajoutons qu'une telle disposition n'est nullement étrangère à une loi de procédure, puisqu'il s'agit de la recevabilité de l'action.

(1) C. Proc., art. 402 et 403. — C. Nap., art. 1338. — Voir Dalloz, v° *Acquiescement*. — La disposition du § 2 de l'art. 108 s'explique d'elle-même. Elle donne au Conseil le moyen de résoudre sur-le-champ le seul point du procès qui demeure en litige.

TITRE II.

Des Audiences et des Décisions.

CHAPITRE Iᵉʳ.

DES AUDIENCES, DE LEUR PUBLICITÉ ET DE LEUR POLICE.

ART. 109. Le rôle de chaque séance publique sera arrêté et signé par le Préfet-Président ou le Vice-Président, sur la proposition du commissaire du Gouvernement [1].

Il contiendra : 1° le numéro d'inscription de l'affaire au greffe ; 2° les noms des demandeurs et défendeurs ; 3° la nature de l'affaire ; 4° les noms des conseillers-rapporteurs et du commissaire du Gouvernement.

La copie sera placardée, huit jours avant la séance, à la porte d'entrée de la salle d'audience.

ART. 110. Un mois après la clôture de l'instruction écrite, toute partie pourra, par requête spéciale présentée au Président, demander que l'affaire soit inscrite à l'un des rôles du mois suivant. Il sera répondu à cette requête dans le délai de cinq jours par décision du Président,

---

(1) Déc. 12 juillet 1865, art. 11. — Régl. Cons. Préf., art. 37. — Déc. 30 janvier 1852, art. 17. — Ord. 31 août 1828, art. 23. — Ord. 15 janvier 1826, art. 17 à 20.

qui indiquera en même temps le jour où l'affaire sera inscrite au rôle [1].

Art. 111. Toute personne qui, soit dans sa requête, soit postérieurement, aura fait connaître l'intention de présenter des observations orales à l'audience, sera avertie, à son domicile ou à celui de son mandataire ou défenseur, lorsqu'elle en aura désigné un, du jour où l'affaire sera appelée en séance publique [2].

Cet avertissement sera donné et devra parvenir quatre jours francs au moins avant la séance, lorsque le domicile de la partie ou le domicile élu ne sont pas à plus de cinq myriamètres du chef-lieu de département, et huit jours au moins si la distance excède cinq myriamètres.

Il sera signé par le Préfet-Président ou par le Vice-Président, et sera transmis, sous la forme de lettre chargée mise à la poste, par le secrétaire-greffier, aux frais de la consignation du demandeur.

Art. 112. Les affaires seront appelées dans l'ordre du rôle par le secrétaire-greffier [3].

Après la lecture du rapport du conseiller-rapporteur, les parties ou leurs mandataires seront admis à présenter oralement des observations sommaires à l'appui de leurs conclusions écrites [3].

---

(1) Ord. 15 janvier 1826, art. 14 et 16. — Cette disposition a pour but d'assurer d'une manière très-efficace la prompte expédition des affaires en fixant, au conseiller-rapporteur, un délai maximum qui ne pourra être dépassé.

(2) Déc. 12 juillet 1865, art. 12. — Régl. Cons. Préf., art. 37.

(3) Régl. Cons. Préf., art. 38. — Déc. 25 janvier 1852, art. 20. — Ord. 15 janvier 1826, art. 33, 36 et 37.

Le commissaire du Gouvernement sera ensuite entendu et donnera ses conclusions (1).

Le Président de l'audience ne pourra pas être en même temps rapporteur. S'il a préparé le rapport, il en sera donné lecture par l'un des conseillers qui signera la minute de la décision en qualité de rapporteur (2).

Art. 113. Les parties et leurs avocats ou mandataires ne pourront que développer et discuter à l'audience les points de faits, moyens et conclusions des requêtes, en se tenant dans les questions indiquées au rapport du conseiller-rapporteur. Si d'autres faits, moyens et conclusions étaient exposés, le Président inviterait la partie ou la personne parlant en son nom, à ne pas s'écarter de ce que contient l'instruction écrite (3).

Toutefois, lorsque le Conseil jugera que lesdits faits, moyens et conclusions, s'ils étaient établis, sont de nature, soit à éclairer l'instruction de l'affaire, soit à influer sur la solution, il pourra renvoyer l'affaire à une autre audience et ordonner un supplément d'instruction écrite. Dans ce cas, la partie devra, dans les trois jours, les exposer dans une requête déposée au greffe, laquelle sera communiquée à la partie adverse, qui y répondra dans le délai de huitaine, et l'affaire sera inscrite à l'un des plus prochains rôles (3).

Art. 114. La décision qui ordonnera ou refusera le

---

(1) Voir la note 3 de la page précédente.

(2) La minute de la décision devant être signée par le président, le rapporteur et le secrétaire-greffier, il est nécessaire, quand le rapport a été préparé par le conseiller qui préside l'audience, que ce rapport soit présenté et lu par un autre conseiller.

(3) C. Proc., art. 111, 343. — Loi 2 brumaire an IV, art. 21. — Ord. 15 janvier 1826, art. 38. — Déc. 30 mars 1808, art. 34.

supplément d'instruction, dans le cas de l'article précédent, sera une simple mesure d'audience et ne sera pas motivée. Elle ne donnera pas lieu à un pourvoi.

Art. 115. Il sera procédé de même à l'égard des requêtes ou conclusions qui, fondées sur des faits et moyens nouveaux, seraient présentées seulement à l'audience au moment de l'appel de la cause ou au commencement des plaidoiries (1).

Il y aura forclusion contre la partie en retard au profit de la partie qui a fait ses productions en temps utile, et qui pourra demander qu'il soit statué dans l'état de l'instruction dûment effectuée (1).

---

(1) C. Proc., art. 660, 666, 754, 755, 756, 759, 761 et 1029. — Ar. C. de Paris, 3 mars 1835 (Tragnier). — C. Com., art. 502 et 503. — C. Inst. Cr., art. 296 et 301. — La forclusion est une mesure essentielle de l'instruction écrite; elle est justifiée non-seulement dans les articles qui viennent d'être cités, mais dans les art. 99, 100, 111 et 113 du Code de procédure civile, relatifs à l'instruction par écrit. On conçoit, en effet, que dans les affaires dont l'instruction se fait oralement à l'audience, il n'y ait pas de forclusion, puisque tous les faits et moyens sont exposés par les plaidoiries; ou, pour mieux dire, elle existe réellement, car les juges ne pouvant statuer que sur ce qui leur a été plaidé, il y a forclusion pour tous autres faits et moyens. Mais dans l'instruction par écrit, si l'on admettait indéfiniment des faits et moyens nouveaux, une partie pourrait être à la merci de l'autre qui, chaque fois que l'affaire serait instruite et sur le point de recevoir solution, présenterait un nouveau mémoire et obligerait les juges à ordonner un supplément d'instruction par écrit, ou à transformer la procédure écrite en une procédure purement orale, contrairement à la loi.

Cela étant, il est utile, dans l'intérêt d'une bonne justice, d'autoriser le Conseil à relever la partie de la forclusion, quand il juge qu'un supplément d'instruction par écrit est nécessaire. Par la même raison, si la forclusion est prononcée et l'affaire jugée dans l'état de l'instruction, la décision ayant le caractère d'un arrêté par défaut, il y a lieu, après décision sur

Art. 116. Pourra néanmoins le Conseil, pour des motifs graves, relever la partie en retard de la forclusion qu'elle aura encourue, même lorsque la forclusion aurait été prononcée en exécution des art. 36 et 37 ci-dessus.

Si la forclusion est levée, un supplément d'instruction écrite aura lieu dans la forme ordinaire; si elle est maintenue, il ne sera tenu aucun compte, dans la décision à intervenir, des nouveaux faits, moyens et conclusions, comme n'ayant pas été justifiés (1).

Art. 117. En cause de pourvoi contre l'arrêté définitif, les moyens et conclusions écartés par la forclusion ne pourront être produits que pour demander à en être relevé. Dans le cas où la forclusion serait levée par le Conseil d'État ou par la Cour des Comptes, l'arrêté serait considéré comme un arrêté par défaut auquel il est fait opposition, et il serait procédé sur le renvoi à un supplément d'instruction écrite devant le Conseil de Préfecture (1).

Après ce supplément d'instruction, le Conseil statuera par arrêté nouveau sur l'ensemble de l'affaire, le premier arrêté étant réputé non avenu (1).

Art. 118. Le Conseil pourra retirer la parole aux parties ou à leurs mandataires, s'il reconnaît que la passion ou l'inexpérience les empêche de discuter leur cause avec la décence convenable ou la clarté nécessaire pour l'instruction du Conseil (2). Il remettra alors

---

pourvoi ou appel, que l'affaire revienne devant le Conseil pour que l'instruction y soit complétée.

(1) Voir la note de la page précédente.

(2) C. Proc., art. 87.

l'affaire à une autre audience, afin que la partie puisse, s'il y a lieu, la faire plaider par un mandataire ou un avocat.

ART. 119. Les parties ne peuvent obtenir la parole après le commissaire du Gouvernement. Elles peuvent seulement remettre sur-le-champ au Président, en double exemplaire, de simples notes énonciatives des faits sur lesquels elles prétendraient qu'il y a eu, dans le débat oral, erreur ou inexactitude matérielles. L'un des exemplaires sera communiqué à l'autre partie, qui sera admise à y répondre (1).

ART. 120. Ceux qui assisteront aux séances publiques se tiendront découverts, dans le respect et le silence : tout ce que le Président ordonnera pour le maintien de l'ordre sera exécuté ponctuellement et à l'instant.

La même disposition sera observée dans les lieux où, soit les conseillers, soit le commissaire du Gouvernement, exerceront leurs fonctions (2).

ART. 121. Si un ou plusieurs individus, quels qu'ils soient, interrompent le silence, donnent des signes d'approbation ou d'improbation, soit à la défense des parties, soit aux discours des conseillers ou du commissaire du Gouvernement, soit aux interpellations, avertissements ou ordres du Président, conseiller ou commissaire du Gouvernement, soit aux arrêtés, causent ou excitent

---

(1) C. Proc., art. 111. — Déc. 30 mars 1808, art. 87.

(2) C. Proc., art. 88. — Il a paru utile de reproduire dans le présent décret le texte même des art. 88 et suivants du Code de procédure, au lieu d'y renvoyer, comme on le fait souvent dans les lois. D'abord, le texte se trouve mieux approprié à la juridiction, et ensuite il complète la loi de procédure administrative, en dispensant de recourir à une autre législation.

du tumulte de quelque manière que ce soit, et si, après l'avertissement de l'huissier, ils ne rentrent pas dans l'ordre sur-le-champ, il leur sera enjoint de se retirer, et les résistants seront saisis et déposés à l'instant dans la maison d'arrêt pour vingt-quatre heures; ils y seront reçus sur l'exhibition de l'ordre du Président, qui sera mentionné au procès-verbal de l'audience (1).

Art. 122. Si le trouble est causé par un avocat ou un avoué, le Conseil prononcera contre lui la suspension devant le Conseil de Préfecture.

Cette suspension, pour la première fois, ne pourra excéder le terme de six mois (2).

Art. 123. Ceux qui outrageront ou menaceront les conseillers dans l'exercice de leurs fonctions, seront, de l'ordonnance du Président, du conseiller ou du commissaire du Gouvernement, saisis et déposés à l'instant dans la maison d'arrêt.

Procès-verbal du délit sera transmis d'urgence au parquet du Procureur impérial (3).

Art. 124. Le Conseil de Préfecture pourra, suivant la gravité des circonstances, dans les causes dont il sera saisi, prononcer, même d'office, des injonctions, supprimer des écrits, les déclarer calomnieux, et ordonner l'impression et l'affiche de ses arrêtés aux frais des parties (4).

Art. 125. Le secrétaire-greffier assistera aux séances

---

(1) C. Proc., art. 89.
(2) C. Proc., art. 90.
(3) C. Proc., art. 91.
(4) C. Proc., art. 1036. — Loi 21 juin 1865, art. 13.

publiques, ainsi qu'aux séances en chambre du Conseil. Il y tiendra la plume (1).

Art. 126. Le jour même de chaque séance, il rédigera la feuille d'audience ou procès-verbal indiquant les noms des membres présents, l'indication sommaire des affaires jugées, les incidents qui auront pu se produire, en un mot la physionomie de l'audience (2).

Ce procès-verbal sera transcrit sur un registre spécial et sera signé par le Président et le secrétaire-greffier (1).

Il y aura un registre séparé pour les procès-verbaux des séances publiques et pour ceux des séances en chambre du Conseil.

Art. 127. Dans les séances publiques, les conseillers de Préfecture, le commissaire du Gouvernement et le secrétaire-greffier, siégeront en costume (2).

Les avocats et les avoués plaideront en robes (2).

Art. 128. Les avocats près les cours et tribunaux ne seront admis à plaider devant le Conseil de Préfecture qu'en assistant l'avoué ou le mandataire de la partie, ou bien en assistant la partie elle-même présente à l'audience.

Art. 129. L'huissier-appariteur, attaché au Conseil de Préfecture, sera chargé, sous l'autorité du Président, d'assurer l'ordre et la police de l'audience (3).

---

(1) Loi 21 juin 1865, art. 7. — Déc. 12 juillet 1865, art. 13 et 16. — Ord. 31 août 1828, art. 24 et 25. — Régl. Cons. Préf., art. 8, 55, nº 4 et 57. — Déc. 30 mars 1808, art. 36 à 39, 91 et 92. — Ord. 15 janvier 1826, art. 42 et 77.

(2) Déc. 30 janvier 1852, art. 18. — Ord. 31 août 1828, art. 212. — Régl. Cons. Préf., art. 34. — Déc. 30 mars 1808, art. 105.

(3) Déc. 30 mars 1808, art. 96.

Art. 130. Le Préfet-Président prendra chaque année, dans la dernière quinzaine du mois de décembre, un arrêté qui réglera les jours et heures des audiences publiques et des séances en chambre du Conseil (1).

Indépendamment de ces réunions, le Préfet-Président ou le Vice-Président du Conseil pourra indiquer des audiences extraordinaires, lorsque la nature, le nombre ou l'urgence des affaires l'exigera.

CHAPITRE II.

DES DÉCISIONS.

Art. 131. Les Conseils de Préfecture ne pourront prendre aucune délibération si les membres présents aux débats publics et au délibéré ne sont au moins au nombre de trois, en y comprenant le Préfet-Président lorsqu'il assiste à la séance (2).

En cas d'insuffisance du nombre des membres nécessaires pour délibérer, les conseillers absents ou empêchés seront suppléés par un ou plusieurs membres du conseil général du département, que désigneront les membres restant au Conseil de Préfecture (2).

Désormais les juges des tribunaux, membres d'un conseil général, pourront être choisis (3).

---

(1) Régl. Cons. Préf., art. 7. — Déc. 30 mars 1808, art. 9 et 10. — Ord. 15 janvier 1826, art. 25, 26 et 27.

(2) Loi 28 pluviôse an VIII, art. 5.— Arrêté 19 floréal an IX, art. 1 à 6.— Déc. 16 juin 1808, art. 1er. — Loi 21 juin 1865, art. 4 et 6. — Loi 20 avril 1810, art. 7 et 40.

(3) Déc. 16 juin 1808, art. 1er. — Le motif qui avait fait exclure de la

§ 1er. — *De la délibération et de la forme des arrêtés.*

Art. 132. Les arrêtés seront rendus à la pluralité des voix et seront prononcés soit sur-le-champ, soit après délibéré en la chambre du Conseil, à la reprise de l'audience (1).

Pourra toutefois, s'il en est besoin, le délibéré être continué et la décision ajournée à une audience ultérieure, mais sans dépasser le délai de quinze jours.

Art. 133. Le Conseil délibérera en secret; le Président recueillera les voix dans l'ordre inverse du rang d'ancienneté; le Vice-Président et le Président voteront les derniers. En cas de partage, la voix du Préfet-Président ou du conseiller qui le remplacera pour présider l'audience sera prépondérante (2).

S'il se forme plus de deux opinions, la délibération sera rouverte, et il sera voté entre les deux opinions qui ont eu le plus de voix (2).

Le Conseil ne sera pas lié par la délibération tant que

---

suppléance au Conseil de Préfecture les membres du Conseil général qui étaient en même temps juges des tribunaux, était surtout d'empêcher l'immixtion de la magistrature dans les affaires administratives. Cette crainte n'a plus maintenant sa raison d'être ; elle serait chimérique et dès lors l'exclusion des juges, membres d'un conseil général, n'est plus justifiée.

(1) C. Proc., art. 116.

(2) C. Proc., art. 117, 118, 467 et 468. — Déc. 25 janvier 1852, art. 23 et 24. — Ord. 31 août 1828, art. 24 et 25. — Ord. 15 janvier 1826, art. 29 et 40. — Déc. 30 mars 1808, art. 35. — Sur la voix prépondérante : loi 28 pluviôse an VIII, art. 5 ; arrêté 19 fructidor an IX, art. 5. — Loi 21 juin 1865, art. 4.

la décision n'aura pas été prononcée, et il pourra être, d'un commun accord, délibéré à nouveau.

Art. 134. Les conseillers ne pourront puiser les motifs de leur opinion dans des renseignements reçus ou pris par eux, sans délégation du Conseil et en dehors d'une instruction régulière et légale (1).

Ils ne pourront décider, d'après leur seule connaissance personnelle, un point de fait contesté entre les parties. Le Conseil devra, pour le faire vérifier ou constater, recourir aux moyens d'instruction prescrits par la loi (2).

Art. 135. Lorsque l'audition d'une cause a occupé plusieurs audiences, les conseillers qui n'ont pas assisté à toutes les audiences ne peuvent, à peine de nullité, prendre part à la délibération sur l'arrêté à rendre (2).

La majorité des membres qui y ont pris part et, parmi eux le Président et le rapporteur, doivent aussi, à peine de nullité, assister au prononcé de l'arrêté en séance publique (2).

Les nullités seront couvertes par l'exécution volontaire de l'arrêté ou par la renonciation à se prévaloir du vice de forme.

Art. 136. Si, entre l'audience dans laquelle s'ouvrent les débats d'une cause et celle où la décision doit être prononcée, le nombre des conseillers qui y ont assisté est réduit au-dessous du nombre légal par suite du décès

---

(1) Arg. tiré des dispositions sur l'enquête, la visite des lieux et l'expertise. — Cette disposition est indispensable, surtout pour les matières administratives, car les conseillers se trouvent souvent dans le cas d'avoir une connaissance personnelle de certains points des affaires sur lesquelles ils sont appelés à juger.

(2) Loi 20 avril 1810, art. 7, § 2. — Arr. C. Cass. du.... 1867.

ou du remplacement de l'un d'eux, les débats seront recommencés devant le Conseil complété par le nouveau conseiller ou par un membre du Conseil général appelé comme suppléant (1).

Art. 137. Le commissaire du Gouvernement qui est appelé à conclure dans une affaire doit avoir assisté à toutes les audiences dans lesquelles elle a été plaidée, mais il peut-être remplacé à celle où la décision est prononcée (2).

Il ne pourra prendre part à la délibération du Conseil sur la décision à rendre (3).

Art. 138. Les arrêtés pris par les Conseils de Préfecture dans les affaires contentieuses seront prononcés en séance publique au jour indiqué du renvoi ou à un autre jour dont les parties seront informées par un avertissement (4).

Leur rédaction contiendra (4) : 1° les nom, prénoms, profession et demeure des parties ; 2° les noms de leurs

---

(1) Voir la note 2 de la page précédente.

(2) Déc. 30 mars 1808, art. 83, 84 et 85.— Ord. 15 janvier 1826, art. 44.

(3) Déc. 30 mars 1808, art. 88. — Déc. 25 janvier 1852, art. 18. — L'article 18 du décret du 25 janvier 1852, sur la procédure devant le Conseil d'État, autorise les maîtres des requêtes, chargés de remplir au contentieux administratif les fonctions de commissaires du Gouvernement, à assister aux délibérations de la section du contentieux. Cependant il paraît plus convenable, par assimilation à la procédure devant les tribunaux civils, de décider que le commissaire du Gouvernement ne pourra prendre part à la délibération du Conseil de Préfecture.

(4) Loi 21 juin 1865, art. 8. — Déc. 12 juillet 1865, art. 13. — C. Proc., art. 141 et 142. — Loi 20 avril 1810, art. 7, § 2. — Déc. 25 janvier 1852, art. 19. — Déc. 22 juillet 1806, art. 27. — Ord. 31 août 1828, art. 19. — C. Proc., art. 138.

mandataires quand il y aura lieu ; 3° l'exposé sommaire des faits et des conclusions des parties avec visa des pièces essentielles à la cause ; 4° le visa, avec exposé sommaire, des actes de l'instruction et notamment des enquêtes, visites de lieux et expertises auxquelles il aura été procédé ; 5° le visa des lois ou des règlements dont il sera fait application en indiquant les articles ; 6° les noms des Président, conseiller-rapporteur et conseillers qui auront concouru à la décision, et celui du commissaire du Gouvernement ; 7° les noms des parties, avocats ou mandataires qui auront comparu à l'audience et y auront présenté des observations orales ; 8° la mention de l'audition du rapport du conseiller-rapporteur, des plaidoiries faites par les parties ou en leur nom, et des conclusions présentées par le commissaire du Gouvernement ; 9° le visa des procès-verbaux des audiences dans lesquelles l'affaire aura été exposée et discutée quand il y en a eu plusieurs ; 10° la mention qu'il a été délibéré conformément aux dispositions du présent décret ; 11° les motifs et le dispositif de la décision pour chacun des chefs des demandes respectives ; 12° la liquidation des dépens quand elle pourra être faite immédiatement ; 13° la date à laquelle il a été rendu et la mention qu'il a été prononcé en audience publique (1).

Le texte de la loi sera transcrit dans les arrêtés, statuant sur des contraventions de police.

Les sommes y seront inscrites en toutes lettres.

ART. 139. Les arrêtés seront motivés, à peine de nul-

---

(1) Voir la note 4 de la page précédente.

lité, et les motifs devront se lier indivisiblement au dispositif pour le justifier [1].

La minute sera signée par le Président, le rapporteur et le secrétaire-greffier [1]. L'omission d'une signature n'entraînera pas la nullité de l'arrêté, si l'authenticité de la minute se trouve établie.

Art. 140. Aussitôt sa prononciation à l'audience, le dispositif de l'arrêté deviendra irrévocable. Il ne pourra plus être, ni révisé, ni modifié au fond, ni rétracté, soit d'office, soit sur la demande des parties, alors même qu'elles seraient d'accord [2].

Toutefois, s'il est reconnu ultérieurement, soit qu'il y a omission ou erreur dans la date de l'arrêté ; soit qu'il y a omission d'une partie du texte, qui est la suite manifeste et nécessaire de ce qui a été prononcé ; soit qu'il y a une erreur matérielle ou une contradiction palpable, résultant de ce qu'après un changement dans le texte, on a omis de supprimer ce qui a été abandonné, la rectification pourra avoir lieu sur la minute, à moins que l'arrêté n'ait été l'objet d'un pourvoi. Cette rectification sera ordonnée d'office ou sur requête de l'une des parties, par un arrêté rendu en chambre du Conseil, lequel sera annexé à la minute de l'arrêté principal.

Il en sera de même s'il a été omis de statuer sur un ou plusieurs chefs de demande, ou sur les dépens ; dans

---

(1) Voir la note 4 de la page 74.

(2) Ces dispositions sont en partie empruntées à la jurisprudence des tribunaux. Il a paru utile de les introduire dans le décret, pour éclairer les parties et en même temps pour servir de règles aux Conseils de Préfecture.

ce cas, l'arrêté complémentaire sera soumis, pour son exécution, aux mêmes règles que l'arrêté principal (1).

Art. 141. Le Conseil pourra interpréter les décisions par lui rendues, sous la réserve de ne pas modifier le sens ni la partie du dispositif prononcé à l'audience (1).

Les demandes en interprétation seront introduites, instruites et jugées dans les mêmes formes et de la même manière que les instances ordinaires. Elles ne pourront être présentées que par ceux qui auront été parties dans l'instance (1).

Art. 142. Les Conseils de Préfecture ne pourront prononcer, par voie de disposition générale et réglementaire, sur les causes qui leur seront soumises (2).

Ils devront statuer sur toutes les questions que présentera la cause, sans pouvoir prononcer sur des choses qui n'auront pas été demandées, ni adjuger au delà des conclusions des parties (2).

Art. 143. Les arrêtés des Conseils de Préfecture, ne portant pas transmission de propriété, d'usufruit ni de jouissance, sont exempts du timbre sur la minute et de l'enregistrement, tant sur la minute que sur l'expédition. Toutefois, aucune expédition ne pourra être délivrée aux parties que sur papier timbré, si ce n'est à des individus indigents, et à la charge d'en faire mention dans l'expédition (3).

---

(1) Voir la note 2 de la page précédente.

(2) C. Nap., art. 5. — C. Proc., art. 480, nos 3 et 4.

(3) Loi 18 mai 1818, art. 78 à 82. — Loi 13 brumaire an VII, art. 12, no 1, § 8, et 11, no 2, § 2. — Les conditions dans lesquelles doivent être écrites les minutes des arrêtés, sous le rapport du timbre et de l'enregistrement, touchent intimement à la procédure des affaires. On y a ajouté

Les expéditions, même celles en forme de grosses-exécutoires délivrées aux administrations publiques, seront exemptes de timbre et d'enregistrement, à la charge d'en faire mention dans l'expédition (1).

§ 2. — *Des arrêtés par défaut et des oppositions.*

ART. 144. A l'expiration du délai déterminé par l'article 18 pour répondre à la requête introductive d'instance, si le défendeur n'a pas produit sa défense au greffe, le demandeur pourra, par requête spéciale adressée au Président, demander que l'affaire soit mise en tête du rôle de la plus prochaine audience. Cette inscription pourra être également ordonnée d'office.

Après la lecture de la demande à l'audience, le commissaire du Gouvernement fera connaître ses conclusions, et il sera statué par défaut (2).

---

ce qui concerne les expéditions, pour ne pas scinder l'article en deux et en renvoyer la moitié au § 4 du présent chapitre relatif à l'exécution des décisions.

(1) Voir la note 3 de la page précédente.

(2) C. Proc., art. 19, 21, 99, 100, 149, 150 et 434 — Déc. 22 juillet 1806, art. 6, 7, 10 et 29. — Ord. 31 août 1828, art. 34, 35 et 36. — Régl. Cons. Préf de la Seine, art. 40 et 44. — Ord. 15 janvier 1826, art. 21. — L'innovation consiste en ce que les conclusions de la demande n'étant pas contestées, elles seront tenues pour bien justifiées et seront adjugées par défaut, à moins que le Conseil ne juge utile, en raison de leur exagération ou de leur erreur évidente, de les vérifier et apprécier. C'est, en réalité, ce qui se passe dans la pratique des tribunaux, quoique le Code de procédure porte que le jugement par défaut ne sera rendu qu'après que les conclusions des demandeurs auront été vérifiées et trouvées justes. Il importe toujours de se tenir dans la vérité pratique.

Les conclusions du demandeur n'étant pas contestées, seront tenues pour bien justifiées et lui seront adjugées immédiatement [1].

Pourra néanmoins le Conseil mettre l'affaire en délibéré pour vérifier et apprécier les conclusions et prononcer la décision par défaut à l'audience suivante [1].

Art. 145. Lorsqu'il y aura plusieurs parties défenderesses dont l'une, en raison des distances légales, aura un délai plus long pour présenter sa défense, il ne sera pris défaut contre aucune d'elles qu'après l'échéance du délai le plus étendu [2].

Art. 146. Il sera donné défaut contre le défendeur, alors même qu'il se présenterait à l'audience en personne ou par mandataire, et qu'il y produirait sa requête en défense.

Toutefois, si le défendeur justifie devant le Conseil d'une cause légitime qui l'ait empêché de produire en temps utile sa défense écrite, il pourra être relevé du défaut et obtenir le renvoi de l'affaire pour effectuer cette production [3].

Art. 147. Le demandeur ne pourra prendre défaut s'il a laissé passer six mois sans faire de poursuites, à compter du jour où les défendeurs doivent fournir leurs

---

(1) Voir la note 2 de la page précédente.

(2) C. Proc., art. 151.—Ord. 31 août 1828, art. 35.—Déc. 22 juillet 1806, art. 7.

(3) C. Proc., art. 99 et 113. — Régl. Cons. Préf. de la Seine, art. 40.—Ord. 15 janvier 1826, art. 21. — Dans la procédure par écrit, il y a nécessairement forclusion des requêtes et des productions tardives, quand l'instruction est close. Voir ci-dessus les art. 36, 37, 115, 116 et 117, concernant la forclusion, et les notes.

défenses, et son instance sera périmée, à moins que l'un des défendeurs ne se soit présenté [1].

Art. 148. Après la production de la requête en défense, qui complète l'instruction écrite, il ne sera pas pris défaut contre le demandeur s'il n'y répond pas. Le défendeur pourra seulement demander la mise au rôle, afin qu'il soit statué dans l'état de l'affaire.

Mais si le défendeur, au lieu de défendre au fond, présente dans sa requête une exception préjudicielle et devient demandeur aux fins de cette exception, les mêmes règles du défaut seront applicables au demandeur originaire devenu défendeur à l'exception [2].

Art. 149. La requête en défense présentée tardivement, même lorsqu'elle aura été produite avant la prononciation de l'arrêté par défaut, vaudra opposition audit arrêté [3].

A cet effet, elle sera notifiée en la forme ordinaire, prescrite pour toutes requêtes, au demandeur originaire qui pourra y répondre dans le délai de quinze jours ou poursuivre l'audience dans l'état de l'instruction.

S'il répond, sa requête sera notifiée à l'opposant qui pourra répliquer, ainsi que le demandeur originaire devenu défendeur sur l'opposition.

Art. 150. Si, de deux ou plusieurs parties mises en cause par la même action, l'une fait défaut et l'autre comparaît, le profit du défaut sera joint, et l'arrêté de

---

(1) Ord. 31 août 1828, art. 36. — C. Proc., art. 397. — Voir aussi les art. 104 et 105 du présent décret et la note.

(2) C. Proc., art. 154 et 149 combinés.

(3) Ord. 31 août 1828, art. 37.

jonction sera notifié à la partie défaillante par un huissier spécialement commis.

La notification contiendra invitation réitérée à la partie défaillante de présenter sa défense dans un nouveau délai de huit jours, à peine d'être condamnée par défaut, et indication du jour auquel la cause sera appelée à l'audience. Il sera statué par un seul arrêté qui ne sera pas susceptible d'opposition (1).

Art. 151. Si la partie défaillante a été mise en cause non par le demandeur et en vertu de la même action,

---

(1) C. Proc., art. 153. — Les cas d'arrêtés par défaut profit-joint sont rares devant les Conseils de Préfecture ; cependant il s'en présente quelquefois, par exemple quand plusieurs entrepreneurs de travaux publics ayant été autorisés à extraire et ayant extrait des matériaux dans un terrain, le propriétaire les poursuit par une action unique et simultanée en indemnité. Il est évident que, si l'un des défendeurs fait défaut, l'instruction ne peut être continuée utilement, tant contre le défaillant que contre ceux qui ont fourni leur défense, qu'après un arrêté par défaut profit-joint, destiné à rendre l'instruction commune à tous les défendeurs. Il en est de même dans le cas où l'entrepreneur, étant décédé avant l'introduction de l'instance, l'action en indemnité serait dirigée contre ses héritiers ou ayants cause, tenus chacun pour sa part et portion, et dont l'un ferait défaut.

Lorsque la partie défaillante n'est pas l'un des défendeurs de l'action principale, mais le défendeur à une action incidente formée par le défendeur au principal, tel qu'un recours en garantie, il n'y a plus, pour la régularité de la procédure, obligation de prononcer le défaut profit-joint. Mais il convient de prévoir le cas où le Conseil jugerait que l'instruction, sur la demande en garantie ou sur toute autre instance incidente, devrait avoir lieu simultanément avec celle sur la demande principale, par exemple s'il s'agit d'une expertise dont le résultat pourrait tourner contre l'appelé en garantie. Pour éviter une double procédure et une double expertise, l'une sur la demande principale, l'autre sur la demande en garantie, il est nécessaire de dire que le Conseil pourra joindre à l'instance principale le profit du défaut prononcé contre l'appelé en garantie, et ordonner une seule instruction commune.

mais par le défendeur voulant exercer un recours par voie de garantie ou autrement, le défaut sera pris par le demandeur aux fins de cette mise en cause.

Le Conseil décidera d'après les circonstances si, nonobstant ce défaut, qui peut être suivi d'opposition, il sera passé outre à l'instruction et au jugement de l'instance principale, ou si le profit du défaut sur l'incident sera joint à cette instance et l'arrêté de jonction notifié à la partie défaillante, comme il est dit en l'article précédent (1).

ART. 152. Les arrêtés par défaut, autres que ceux portant profit-joint, seront notifiés en la forme administrative, pourvu qu'il y en ait date certaine, ou par huissier (1).

La partie pourra déclarer opposition soit dans le récépissé qu'elle donnera de l'arrêté ou au pied du procès-verbal de la notification, soit au pied de la minute de l'exploit d'huissier, sauf à compléter son opposition par le dépôt de sa requête au greffe du Conseil de Préfecture (2).

ART. 153. L'opposition ne sera plus recevable après la huitaine du jour de la notification de l'arrêté par défaut; mais l'opposant, qui n'aura pu déposer au greffe qu'une requête sommaire d'opposition, pourra obtenir un nouveau délai de huit jours pour développer dans une requête ampliative les moyens qu'il entend invoquer contre la décision par défaut (3).

---

(1) Même note que la précédente.

(2) C. Proc., art. 162 et 438.

(3) C. Proc., art. 20, 157, 158 et 436. — C. Com., art. 643. — Déc.

ART. 154. Passé ce délai et jusqu'à l'exécution de l'arrêté, la partie défaillante pourra obtenir d'être relevée de la déchéance encourue si elle prouve, soit par la fausseté du procès-verbal de notification, de l'écriture du récépissé, ou de l'exploit d'huissier, soit autrement, qu'elle n'a pas eu connaissance de la décision (1).

ART. 155. La requête en opposition sera déposée au greffe du Conseil dans la même forme qu'une demande principale. Elle contiendra les mêmes indications, les moyens de l'exposant contre l'arrêté par défaut et ses conclusions, tant sur les fins de non-recevoir, exceptions et nullités, que sur le fond (2).

La requête en opposition sera notifiée à la partie qui a obtenu le défaut, avec invitation d'y répondre, et il sera procédé à l'instruction dans la forme et les délais prescrits pour l'instance principale (2).

L'opposition, si elle est déclarée recevable, aura pour effet de rendre la décision par défaut comme non avenue et de remettre les parties dans le même état où elles étaient auparavant (3).

---

22 juillet 1806, art. 29. — Ord. 31 août 1828, art. 37 et 38. — Les deux articles s'expliquent par l'avantage d'éviter des involutions de procédure et de réparer, sans complications, les erreurs de la notification administrative d'une décision par défaut, dont la partie n'aurait pas été touchée.

(1) Voir la note 3 de la page précédente.

(2) C. Proc., art. 160, 161, 162 et 437.

(3) Déc. 22 juillet 1806, art. 30. — C. Proc., art. 156, 161. — C. I. cr., art. 187. — Il est important de déclarer nettement que l'opposition rend nul et non avenu tout ce qui a suivi l'arrêté par défaut et remet les parties au même état qu'avant la décision. Les incertitudes sur ce point ont donné lieu, dans la jurisprudence, à de graves et nombreuses difficultés, dont il est utile de prévenir le retour.

ART. 156. L'opposition ne pourra jamais être reçue contre une décision qui aurait débouté d'une première opposition (1).

Celle d'une partie défaillante contre une décision rendue contradictoirement, avec une autre partie ayant le même intérêt, ne sera pas recevable (1).

ART. 157. L'opposition ne suspendra pas l'exécution, à moins qu'il n'en soit autrement ordonné par la décision qui a prononcé le défaut (2).

La suspension pourra être demandée par la requête en opposition lorsque l'exécution sera de nature à avoir des conséquences graves et irréparables. Le Conseil de Préfecture statuera d'urgence sur l'avis motivé du rapporteur, après communication préalable à l'autre partie (2).

§ 3. *Des Voies extraordinaires de recours contre les décisions.*

ART. 158. Tout particulier peut former tierce opposition à un arrêté du Conseil de Préfecture qui préjudicie à ses droits et lors duquel ni lui ni ceux qu'il représente n'ont été appelés (3).

---

(1) C. Proc., art. 165. — Ord. 31 août 1828, art. 40 et 41. — Déc. 22 juillet 1806, art. 31.

(2) Ord. 31 août 1828, art. 39 et 86. — Déc. 22 juillet 1806, art. 29. — C. Proc., art. 155, 161, 438, 439, 459 et 460. — Les cas où la suspension de l'exécution d'un arrêté par défaut pourra être demandée et obtenue, sont rares; cependant il est utile de les prévoir, comme le législateur l'a fait, pour les Conseils du contentieux des colonies et pour le Conseil d'État.

(3) C. Proc., art. 474, 475 et 479. — Déc. 22 juillet 1806, art. 37 et 38.— Ord. 31 août 1828, art. 133 à 136. — Même observation que dans la note

Elle ne sera pas suspensive, à moins qu'il n'en soit autrement ordonné par le Conseil (1).

Le même droit appartient à l'Administration lorsqu'elle n'était pas en cause.

ART. 159. La tierce opposition sera formée par une requête déposée au greffe du Conseil. Elle sera notifiée à toutes les parties qui étaient dans la cause sur laquelle est intervenu l'arrêté attaqué. Il sera procédé à l'instruction dans la forme prescrite par le titre Ier du présent décret (1).

Si la tierce opposition est rejetée, la partie sera condamnée à une amende de 50 fr., sans préjudice des dommages-intérêts envers les autres parties s'il y a lieu (1).

ART. 160. Les arrêtés définitifs pourront être rétractés, sur la requête de ceux qui auraient été parties ou dûment appelés pour les causes ci-après : 1° s'il y a eu dol personnel ; 2° si les formes prescrites à peine de nullité ont été violées, soit avant, soit lors des arrêtés, pourvu que la nullité n'ait pas été couverte par les parties ; 3° s'il a été prononcé sur choses non demandées ; 4° s'il a été adjugé plus qu'il n'a été demandé ; 5° s'il a été omis de prononcer sur l'un des chefs de demande ; 6° s'il y a eu contrariété de décisions entre les mêmes

---

sur l'art. 157 ci-dessus. Il est d'ailleurs évident qu'on ne peut invoquer et faire exécuter contre un particulier ou contre l'Administration, la décision rendue sur une instance dans laquelle ce particulier ou l'Administration n'était pas en cause. La tierce opposition étant le seul moyen de faire réformer une telle décision, il est nécessaire de l'édicter dans le décret de procédure.

(1) Voir la note 3 de la page précédente.

parties et sur les mêmes moyens dans le même Conseil de Préfecture ; 7° si, dans la même décision, il y a des dispositions contraires ; 8° si la communication au ministère public n'a pas eu lieu ou s'il n'a pas été entendu en ses conclusions ; 9° si l'on a jugé sur pièces reconnues ou déclarées fausses depuis la décision ; 10° si depuis la décision il a été découvert des pièces décisives et qui avaient été retenues par le fait de la partie adverse ; 11° si, dans les affaires qui intéressent le département, les communes ou les établissements publics, il a été jugé sans la délibération du Conseil général, du Conseil municipal ou du Conseil d'administration, lorsque cette délibération était requise (1).

Art. 161. Dans les cas prévus en l'article précédent, la requête en rétractation sera déposée au greffe dans le délai d'un mois, à compter du jour de la notification de l'arrêté.

Pour les cas numérotés 1, 9 et 10, le délai ne courra que du jour où soit le faux, soit le dol auront été reconnus, ou les pièces découvertes, et pour le cas de contra-

---

(1) C. Proc., art. 480, 481 et 482. — Déc. 22 juillet 1806, art. 32 et 33.— Ord. 31 août 1828, art. 125 à 132. — Même observation que dans la note sur l'article précédent. Le décret du 22 juillet 1806 et l'ordonnance du 31 août 1828, ont admis la demande en rétractation ou requête civile devant les Conseils du contentieux des colonies et devant le Conseil d'État. Il y a même raison de décider à l'égard des Conseils de Préfecture. Dans chacun des onze cas prévus par l'art. 160, la décision serait évidemment entachée d'un vice essentiel, d'une erreur qui en altère la justice et ne saurait subsister ; il convient donc de demander aux mêmes juges la rétractation de leur décision, en démontrant l'erreur matérielle sur laquelle elle a été fondée. Cette procédure est plus expéditive que celle qui consisterait à faire statuer par la juridiction supérieure au moyen d'un pourvoi

riété d'arrêtés du jour de la notification de la deuxième décision (1).

ART. 162. La requête sera notifiée à toutes les parties qui étaient dans la cause sur laquelle est intervenu l'arrêté attaqué. Il sera procédé à l'instruction dans la forme prescrite par le titre Ier du présent décret.

Si la requête est rejetée, la partie sera condamnée à une amende de 100 fr. au moins, sans préjudice des dommages-intérêts envers les autres parties s'il y a lieu (2)

§ 4. — *De l'exécution des décisions.*

ART. 163. Les arrêtés du Conseil de Préfecture auront par eux-mêmes force exécutoire. Ils produiront les mêmes effets que les jugements des tribunaux civils (3).

Ils emporteront hypothèque sur les biens de la partie condamnée, lorsque cette hypothèque peut être prise, et en matière de contravention contrainte par corps, s'il y a lieu, pour le payement des amendes. Les parties condamnées pourront être contraintes par les voies ordinaires prescrites pour l'exécution des jugements (3).

Toutefois, les Conseils de Préfecture ne connaîtront pas de l'exécution de leurs décisions (4).

---

(1) C. Proc., art. 483 à 494.

(2) C. Proc., art. 494.

(3) C. Proc., art. 547. — Loi 29 floréal an X, art. 4. — Loi 22 juillet 1867 sur la contrainte par corps, art. 2 et 3. — Loi 20 avril 1810, art. 7, § 1er.

(4) C. Proc., art. 442, 553, 554 et 556. — Les voies d'exécution des arrêtés rendus contre des particuliers étant le commandement, la saisie et ses suites, il est évident que les tribunaux civils sont seuls compétents pour connaître des difficultés qui peuvent s'élever à ce sujet. C'est en ce

Si l'arrêté est rendu contre une administration et prononce condamnation au payement d'une certaine somme, la poursuite en payement aura lieu dans les formes établies par les lois spéciales pour le payement des dettes de l'État, des départements, des communes et des établissements publics (1).

ART. 164. Les décisions seront rendues au nom de l'Empereur; les expéditions formant grosses-exécutoires, porteront en tête, conformément au décret du 2 décembre 1852, le même intitulé que les lois, et seront terminées par la formule du mandement aux officiers de justice (2).

ART. 165. Dans aucun cas, les Préfets n'interviendront,

---

sens et dans ce but que les arrêtés des Conseils de Préfecture doivent porter le mandement impérial, donné aux officiers de justice de tenir la main à leur exécution quand ils en sont légalement requis.

(1) Lois de finances. — Loi 10 mai 1838, art. 20. — Loi 18 juillet 1866, art. 10. — Loi 18 juillet 1837, art. 46.

(2) C. Proc., art. 146 et 545. — Déc. 2 déc. 1852. — Ord. 31 août 1828, art. 29. — Déc. 31 mai 1862, art. 434 combiné avec l'art. 53 du déc. 28 sept. 1807. — Règl. Cons. Préf. de la Seine, art. 51. — L'insertion du mandement aux officiers de justice, dans les expéditions des arrêtés des Conseils de Préfecture délivrées en la forme de grosses-exécutoires, nous paraît commandée par le décret du 2 décembre 1852, qui ne fait aucune distinction, et par l'analogie tirée des décrets du 28 septembre 1807 et du 31 mai 1852 qui l'ont prescrite pour les décisions rendues en matière de comptabilité. Il est évident que le mandement doit à plus forte raison être inséré quand il s'agit d'une condamnation prononcée contre un particulier (par exemple, un entrepreneur), au profit d'un autre particulier ou d'une administration. Si le législateur a jugé que le mandement était utile pour assurer l'exécution des arrêts de la Cour des comptes ou des arrêtés des Conseils de Préfecture contre les comptables ou leurs héritiers, il doit l'être au même titre pour contraindre un particulier débiteur à exécuter la

soit pour apposer leur visa sur les arrêtés du Conseil de Préfecture, soit pour ordonner par un arrêté spécial l'exécution de ces arrêtés (1).

ART. 166. Les arrêtés seront exécutoires nonobstant opposition ou appel, à moins qu'il n'en ait été autrement ordonné, soit dans la décision même, soit sur requête d'une partie et par décision spéciale (2).

Il ne pourra être accordé de délai pour l'exécution d'une décision que dans cette décision même (3).

ART. 167. Les parties pourront, aussitôt après l'audience, déclarer au greffe qu'elles acquiescent à la décision rendue. Dans ce cas, le secrétaire-greffier leur fera signer un acte d'acquiescement. Si les parties ne savent

---

décision du Conseil de Préfecture qui le condamne à payer une somme. Quel est, en effet, l'objet du mandement impérial ? c'est de prescrire aux officiers de justice de tenir la main, en ce qui les concerne, à l'exécution des arrêtés des Conseils de Préfecture dans les cas où les mesures d'exécution rencontreraient des difficultés dont il appartient aux tribunaux civils de connaître. La formule doit donc être textuellement reproduite, et c'est à tort, à notre avis, que dans l'art. 53 du décret du 28 septembre 1807 sur la Cour des comptes, on a supprimé de la formule du mandement les procureurs généraux et les procureurs impériaux. Cette suppression était fondée sur la pensée que ces magistrats n'ont pas à intervenir dans l'exécution des arrêts de la Cour des comptes : ce qui est vrai quand l'exécution ne rencontre aucune difficulté. Mais s'il y a eu des saisies avec leur suite, et que sur ces saisies il s'élève des contestations, il appartient aux procureurs généraux et aux procureurs impériaux de tenir la main, s'il y a lieu, à l'exécution des arrêts en vertu desquels les saisies ont été pratiquées.

(1) Loi 29 floréal an X, art. 4. — Ord. 31 août 1828, art. 29.— C. Proc., art. 547.

(2) Déc. 22 juillet 1806, art. 29. — Ord. 31 août 1828, art. 32 et 39.

(3) C. Proc., art. 122 et 155.

pas signer, le secrétaire-greffier dressera un acte de leur acquiescement [1].

Art. 168. Aucun arrêté ne pourra être exécuté contre une partie s'il ne lui a été préalablement notifié par exploit d'huissier [2].

Art. 169. Si l'exécution d'urgence n'a pas été ordonnée, les arrêtés ne seront mis à exécution par les parties qui les ont obtenus contre les parties condamnées que sur un certificat du secrétaire-greffier constatant qu'il en a été donné officieusement avis aux parties en cause, avec invitation d'y acquiescer, et que cet acquiescement n'a pas eu lieu [3].

Art. 170. A cet effet, dans les trois jours qui suivront la décision, le secrétaire-greffier en adressera aux parties contre lesquelles elle a été obtenue, soit par la voie administrative, soit par lettre affranchie et chargée à la poste, un extrait visé par le Président. Un avis mis à la suite contiendra invitation de venir prendre communication au greffe du texte entier de la décision et d'y acquiescer, s'il y a lieu, dans le délai de cinq jours, pour éviter les frais de mise à exécution.

---

(1) Règl. Cons. Préf. de la Seine, art. 50.

(2) C. Proc., art. 548.—Déc. 22 juillet 1806, art. 28.—Ord. 31 août 1828, art. 30. — La notification par exploit d'huissier paraît nécessaire avant d'avoir recours au commandement et à la saisie, et pour faire courir avec rigueur le délai du pourvoi.

(3) C. Proc., art. 164 et 548. — La mesure prescrite par les art. 169 et 170 est appliquée depuis cinq ans et demi au Conseil de Préfecture de la Seine, avec un succès remarquable : sur dix décisions, il y en a au moins huit auxquelles la partie qui a succombé acquiesce après la communication officieuse qu'elle en reçoit et sans qu'il y ait lieu à une notification par huissier.

Ce délai sera augmenté de quinze jours quand il s'agit de l'État, du département, d'une commune ou d'un établissement public à l'effet de provoquer les délibérations et décisions opportunes.

ART. 171. A l'expiration de ces délais, le secrétaire-greffier transmettra à la partie qui a obtenu la décision un certificat portant qu'il y a eu ou qu'il n'y a pas eu acquiescement. La grosse en forme exécutoire de l'arrêté pourra alors lui être délivrée, et l'exécution en sera poursuivie dans la forme et suivant les règles de l'exécution des jugements rendus par les tribunaux civils (1).

ART. 172. Le délai du pourvoi contre l'arrêté ne courra pas du jour de l'avis administratif et officieux de la décision, mais du jour de la signification qui en aura été faite par exploit d'huissier.

ART. 173. Il n'est dérogé en rien aux dispositions spéciales qui ont réglé les notifications et l'exécution des arrêtés en matière de contributions directes ou de taxes assimilées aux contributions.

§ 5. — *Des pourvois.*

ART. 174. Lorsqu'une partie voudra se pourvoir devant le Conseil d'État, ou, en matière de comptabilité publique, devant la Cour des Comptes, contre une décision du Conseil de Préfecture, elle sera tenue préalablement d'en faire la déclaration au greffe et d'y déposer

(1) C. Proc., art. 442, 553, 554 et 556.

sa requête énonçant les moyens du recours. Cette déclaration sera inscrite sur un registre particulier, par ordre de dates et de numéros, et il lui en sera donné récépissé (1).

Art. 175. Une copie de la requête et de la déclaration de recours sera notifiée administrativement à la partie adverse. Cette signification vaudra sommation au défendeur au recours, de déclarer si, au vu des moyens invoqués, il renonce à poursuivre l'exécution de la décision ou s'il entend persister à en réclamer le bénéfice et défendre au recours (1).

Art. 176. Si, dans le délai de quinze jours à partir de ladite notification, l'intimé n'a pas répondu ou a déclaré qu'il entend défendre au recours, le recourant pourra se pourvoir dans les formes et délais déterminés pour les pourvois devant le Conseil d'État ou devant la Cour des Comptes (2).

Les actes de la tentative de conciliation seront sans effet sur les délais des pourvois définitifs, lesquels partiront du jour de la notification des décisions attaquées.

Art. 177. Toute déclaration de recours devra, à peine de déchéance, être faite dans le mois, à compter, pour

(1) Ord. 31 août 1828, art. 138, 141, 143 et 147. — La tentative de conciliation, après la décision et avant le recours, établie par les art. 174, 175, 176 et 177, est empruntée à l'ordonnance sur les Conseils du contentieux des colonies. Elle a pour objet de provoquer les parties à un arrangement amiable avant que l'instance en pourvoi ne soit engagée par un acte irrévocable auquel on ne peut plus renoncer que par un désistement. Beaucoup de pourvois téméraires peuvent être ainsi évités dans l'intérêt des parties et d'une bonne administration.

(2) Déc. 22 juillet 1806, art. 11.— Déc. 30 mai 1862, art. 432, 530 et 535.

les arrêtés contradictoires, du jour de la signification à personne ou domicile; et pour les arrêtés par défaut, du jour où l'opposition ne sera plus recevable.

L'intimé pourra néanmoins faire à son tour, et en réponse, déclaration de se pourvoir incidemment, quand même il aurait signifié l'arrêté sans protestation (1).

ART. 178. La déclaration de recours contre un arrêté préparatoire ne pourra être formée qu'après l'arrêté définitif et conjointement avec le recours contre cet arrêté. Le délai ne courra que du jour de la signification de l'arrêté définitif. La déclaration du recours sera recevable, encore que l'arrêté préparatoire ait été exécuté sans réserve.

La déclaration de recours contre un arrêté interlocutoire pourra être formée avant l'arrêté définitif. Il en sera de même des arrêtés qui auraient accordé une provision (2).

ART. 179. Sont réputés préparatoires les arrêtés rendus pour l'instruction de la cause et qui tendent à mettre le procès en état de recevoir décision définitive.

Sont réputés interlocutoires les arrêtés rendus lorsque le Conseil ordonne, avant dire droit, une preuve, une vérification, ou une instruction qui préjuge le fond (2).

Sont en dernier ressort et dès lors non susceptibles de pourvois, les arrêtés rendus : 1° lorsque le montant de la

---

(1) Ord. 31 août 1828, art. 40. — C. Proc., art. 443.

(2) C. Proc., art. 451 et 452. — Loi 2 brumaire an IV, art. 14. — Détails utiles dans un décret de procédure qui laisse aux parties le soin de diriger elles-mêmes l'instruction de leurs instances.

demande est inférieur à 500 fr., à moins qu'il ne soit argué soit d'un excès de pouvoir, soit d'une violation ou fausse interprétation de la loi ; 2° en matière de contribution directe ou de taxe assimilée, lorsque la taxe est inférieure à 50 fr. et qu'il a été statué non sur le principe de la taxe ou l'application de la loi, mais seulement en fait ou sur une évaluation matérielle des bases de la cotisation (1).

---

(1) C. Proc., art. 453 et suiv. — Loi 1er décembre 1790, art. 3. — Loi 25 mai 1838, art. 1er et 15. — Loi 11 avril 1838, art. 1er. — Déc. 22 juillet 1805, art. 1er et 11. — Arr. 24 floréal an VIII, art. 4 et 12. — Loi 21 avril 1832, art. 30. — Loi 28 pluviôse an VIII, art. 4, § 1er. — Aux termes des art. 453 et suiv. du Code de Procédure, la fixation de la compétence en dernier ressort appartient à la procédure et non au fond du droit ; elle peut donc être insérée dans le présent décret. — Faut-il fixer un dernier ressort pour certaines décisions des Conseils de Préfecture, ou les soumettre toutes au pourvoi devant le Conseil d'État ? C'est là une question d'appréciation fondée sur les garanties qu'offre cette juridiction à l'État et aux justiciables. Il semble qu'au moyen des conditions imposées pour la nomination des conseillers, de la publicité donnée aux audiences, et des règles de procédure qu'il s'agit d'établir, on peut sans inconvénients fixer un dernier ressort dans les étroites limites de l'art. 179 proposé : il n'excède pas sensiblement celui qui a été attribué aux juges de paix. On éviterait ainsi une paperasserie énorme pour un intérêt insignifiant, qui souvent est à peine de quelques francs.

TITRE III.

Des Procédures spéciales.

CHAPITRE Ier.

DES CONTRIBUTIONS DIRECTES ET DES TAXES ASSIMILÉES AUX CONTRIBUTIONS.

§ 1er. — *Contributions directes.*

ART. 180. L'introduction et l'instruction des instances portant demandes en décharge ou en réduction des contributions directes, continueront à s'effectuer conformément aux lois et instructions qui les ont réglées (1). Il en est de même pour les taxes assimilées aux contributions dont l'assiette, la répartition et l'instruction sont confiées à la même administration (1).

Le Conseil de Préfecture en sera saisi sur le renvoi, que lui fera le Préfet, du dossier transmis par le directeur des contributions, quand l'instruction de la demande sera achevée (1).

---

(1) Déc. 12 juillet 1865, art. 6. — Règl. Cons. Préf. de la Seine, art. 16. — Loi 6 mai 1811 sur les mines, art. 36 et suiv. — Loi 7 juillet 1837, sur les poids et mesures, art. 8 ; et ord. 19 avril 1839, art. 51. — Loi 23 juillet 1820, sur les bourses et chambres de commerce, art. 11 ; et loi 25 avril 1844, art. 33. — Loi 21 mai 1836, sur les chemins vicinaux, art. 7 et 21.

Il serait très-important de reproduire, dans le décret sur la procédure devant les Conseils de Préfecture, toutes les règles relatives à l'introduction et à l'instruction des réclamations en matière de contributions directes, avec l'interprétation qui leur a été donnée par la jurisprudence. Ces

Après vérification du dossier au greffe, il sera inscrit sur un registre spécial, contenant 1° le numéro d'ordre et la date d'arrivée ; 2° le nom du contribuable ; 3° la nature de la contribution ; 4° l'objet de la réclamation ; 5° le nombre des pièces jointes.

Art. 181. Le dossier sera transmis sur-le-champ à un rapporteur désigné par le Président. Le rapporteur s'assurera d'abord si le dossier est complet et si l'instruction a été faite régulièrement.

Dans le cas où une irrégularité serait reconnue, le Conseil, sur l'avis du rapporteur, ordonnera le renvoi au directeur pour en faire opérer la régularisation. Lorsqu'on aura omis de mettre le réclamant en demeure de déclarer s'il a l'intention de présenter ou faire présenter

---

règles sont disséminées dans un grand nombre de lois, d'instructions ministérielles et de décisions du Conseil d'État, auxquelles les contribuables peuvent difficilement se reporter, et qu'ils ne sont pas tenus de connaître, bien que leurs intérêts en soient atteints. Ils auraient ainsi sous la main et dans une même loi la procédure qu'ils doivent observer pour le soutien de leurs réclamations de toute nature.

Le Conseil de Préfecture étant appelé à juger ces instances, et le Préfet en étant Président, il serait utile aussi qu'au lieu d'un double enregistrement, l'un à la Préfecture ou à la Sous-Préfecture, l'autre au greffe du Conseil, il n'y en eût qu'un seul au greffe pour diminuer d'autant les écritures, et que le renvoi pour instruction fût fait directement par le Conseil au Directeur; et, après l'instruction, par le Directeur au Conseil de Préfecture. Il en serait de même après la décision rendue qui doit être notifiée par le Directeur et dont il lui appartient de préparer l'exécution.

L'examen des demandes en remise et modération devrait se faire également en chambre du Conseil par le Conseil de Préfecture, qui donnerait son avis, sur lequel le Préfet prononcerait selon le pouvoir que la loi lui a confié. C'est ainsi qu'il est procédé à Paris, en vertu d'une mesure prise par M. le Sénateur, Préfet de la Seine.

des observations orales à l'audience, le Conseil ordonnera que cette mise en demeure lui soit faite par la voie administrative (1).

Art. 182. Il sera procédé à la préparation du rapport et du projet de l'arrêté motivé, à la communication au commissaire du Gouvernement, à la convocation du réclamant s'il a demandé à être entendu, à l'inscription au rôle, aux débats de l'audience, à la délibération et à la décision conformément aux dispositions établies ci-dessus, sauf ce qui concerne la position des questions dans le rapport.

Art. 183. Dans les instances où les réclamants n'ont pas demandé à être entendus à l'audience, le commissaire du Gouvernement indiquera d'avance au Président les affaires dans lesquelles il n'adopte pas les conclusions du directeur des contributions directes. Elles seront exposées par le rapporteur, puis discutées par le commissaire du Gouvernement en séance publique. Il en sera de même pour les affaires dans lesquelles il y a eu expertise ou une contradiction d'avis entre les divers agents de l'instruction et pour celles dont le rapporteur, un membre du Conseil ou le commissaire du Gouvernement, demandera la discussion en séance publique.

Dans les autres instances, où les réclamants ne contestent pas les faits établis par l'instruction, et où le commissaire du Gouvernement adopte les conclusions du directeur des contributions directes, elles seront délibérées en la chambre du Conseil. Les décisions seront prononcées à l'audience, ou elles seront tenues pour pro-

(1) Déc. 12 juillet 1865, art. 6.

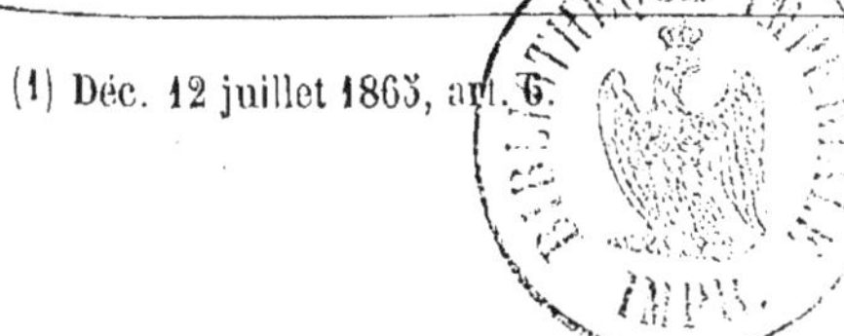

noncées, lorsqu'à la reprise de la séance publique il ne se trouve dans le prétoire aucune partie intéressée ou le mandataire d'un intéressé. Il sera fait mention de cette circonstance sur la feuille d'audience (1).

Art. 184. Lorsque, dans le cas prévu par l'art. 29 de la loi du 21 avril 1832, le réclamant n'a pas présenté de nouvelles observations sur les conclusions du directeur, ni demandé la vérification par voie d'expert, dans les dix jours de la communication qui lui a été faite du dossier, il sera forclos, et aucune requête complémentaire ni pièces quelconques ne seront admises (2).

Toutefois si, dans sa requête introductive d'instance, ou dans une déclaration faite postérieurement, il a demandé suivant la loi à être entendu en ses observations orales à l'audience, et s'il y produit des faits et moyens

---

(1) Déc. 25 janvier 1852, art. 21. — Il s'agit, dans cet article, d'appliquer à la matière des contributions, quand les réclamants n'ont pas demandé à être entendus à l'audience, les règles établies pour le Conseil d'État par l'art. 21 du décret du 25 janvier 1852, quand il n'y a pas eu constitution d'avocat. Lorsque les réclamants n'ont pas demandé à présenter des observations orales à l'audience, qu'ils ne contestent pas les faits reconnus par l'instruction, que les agents du service sont unanimes dans leurs appréciations, que le commissaire du Gouvernement adopte les conclusions de l'Administration, qu'enfin il ne s'élève, ni en fait ni en droit, une discussion sur la réclamation, il serait oiseux d'occuper l'audience d'un débat inutile. Dans ce cas, la décision sera délibérée seulement en la chambre du Conseil et rendue en séance publique si la partie est présente ou représentée. Dans tous les autres cas, il y aura rapport et débat en séance publique. Il convient d'édicter cette disposition, afin de régulariser une forme de procédure qui, dans la pratique et vu le nombre immense des affaires de ce genre, est inévitable.

(2) Loi 21 avril 1832, art. 29. — Arr. du Gouv., 24 floréal an VIII. — Voir *supra*, art. 115, 116, 117, concernant la forclusion, et les notes.

qui contredisent les conclusions du directeur en offrant d'en faire la preuve par expert, le Conseil pourra le relever de la forclusion qu'il a encourue et ordonner un supplément d'instruction ou une expertise (1).

Le Conseil pourra aussi, en tout état de cause, sur l'avis du rapporteur, ordonner d'office soit un supplément d'instruction ou d'expertise, soit une expertise.

Dans l'un et l'autre cas, le dossier sera renvoyé à l'Administration pour qu'il soit procédé à ce supplément d'instruction ou d'expertise, conformément aux règles de la matière (1).

Art. 185. Chaque article du rôle d'une contribution constituant une dette du contribuable envers l'État, la réclamation sur l'un des chefs de la cotisation attaquée donne ouverture à l'examen de la composition de l'article entier. Le Conseil pourra, sans statuer au delà de la demande, compenser un chef de cotisation établi par erreur à un chiffre trop faible avec un autre chef de la même cotisation établi également par erreur à un chiffre trop élevé, et rectifier ainsi l'article entier du rôle, comme il aurait dû être dressé (2).

Il n'y aura pas lieu à compensation, par voie de rectification du rôle mal établi, entre un article trop faible, mais non attaqué, et un autre article trop élevé attaqué pour surtaxe.

---

(1) Voir la note 2 de la page précédente.

(2) Loi 25 avril 1844, art. 2 (droit fixe et droit proportionnel de patente). — Déc. 17 mars 1852 (droit fixe et droit proportionnel des portes et fenêtres à Paris). — Quand le Conseil de Préfecture prononce sur une réclamation, sa décision a pour résultat de maintenir ou de rectifier l'article du rôle conformément à la loi.

Art. 186. Si le contribuable est imposé aux droits fixes et aux droits proportionnels de patente dans deux départements, de telle sorte que la décision à intervenir sur l'une des deux taxes, doit donner lieu pour l'autre à une réduction ou à une décharge, le Conseil de Préfecture du département dans lequel la première réclamation a été faite connaîtra des deux taxes par voie de connexité. Les deux dossiers, après instruction complète dans chaque département, seront réunis et lui seront soumis (1).

En cas de contestation, il y aura lieu à règlement de juges par le Conseil d'État, statuant d'urgence sur la demande de la partie ou de l'Aministration (1).

Art. 187. Il en sera de même lorsque l'instruction sur les éléments de la taxe doit se faire dans plusieurs départements, par exemple pour la taxe des fabricants à métiers, dont les métiers y sont disséminés, soit qu'il y ait une seule taxe au lieu du domicile, d'après le nombre des métiers, soit qu'il y en ait plusieurs établies dans

---

(1) C. Proc., art. 363 et suiv. — Loi 25 avril 1844, art. 10. — Loi 4 juin 1858, art. 9. — On peut supposer le cas où un contribuable a été imposé dans un département à un droit fixe entier, comme y ayant son établissement principal, et, dans un autre département, à un demi-droit fixe pour un établissement secondaire. Il faut nécessairement que l'instruction, et, au besoin l'expertise, porte sur chacun des deux établissements, afin de discerner lequel est principal et lequel est secondaire. On peut aussi supposer le cas où le droit fixe a été établi dans un département d'après une classe que le contribuable conteste, et le droit proportionnel, d'après la même classe ou une classe différente dans un autre département. Dans ces deux cas et autres analogues, l'une des décisions est nécessairement subordonnée à l'autre, et il n'y peut être pourvu que par la disposition édictée dans l'article proposé.

les divers départements [1]; c'est le Conseil de Préfecture du lieu du domicile du contribuable qui connaîtra, en raison de leur connexité, de toutes les taxes contestées par le réclamant.

ART. 188. Le particulier non inscrit au rôle, mais qui est poursuivi en payement d'une contribution, soit comme propriétaire actuel de l'immeuble imposé ou du commerce taxé à la patente, soit comme responsable de la taxe à un titre quelconque, pourra, dans les trois mois à partir du jour où il a été poursuivi, présenter au Conseil de Préfecture sa demande en décharge ou réduction, ou pour contester la responsabilité qu'on invoque contre lui [2].

S'il y a eu décision rendue sur la réclamation du contribuable inscrit, il pourra former, s'il y a lieu, tierce opposition, dans le même délai, à la décision dont on poursuit l'exécution.

Il pourra aussi intervenir, pour le soutien de ses droits, dans l'instance ouverte par le contribuable inscrit.

En attendant qu'il soit statué sur sa demande, le réclamant sera tenu de payer les douzièmes échus ou à échoir, sauf remboursement si la requête est reconnue fondée.

---

(1) Loi 4 juin 1858 (Tableau des additions, Droits proportionnels, 3e partie).

(2) Loi 3 frimaire an VII, art. 147. — Arr. 24 floréal an VIII, art. 1 et 2. — Loi 21 avril 1832, art. 22. — Loi 25 avril 1844, art. 25. — Cette disposition s'explique et se justifie par son texte même. Il est évident que si la loi réserve à l'Administration le droit d'exercer un recours contre un particulier à défaut du contribuable, le particulier poursuivi doit jouir des mêmes droits que le contribuable pour réclamer contre la taxe dont on le rend responsable.

ART. 189. Le Conseil pourra joindre les demandes qui sont formées dans les mêmes conditions de fait, invoquent les mêmes moyens de droit et présentent à juger les mêmes questions. Mais il y aura une expédition de la décision pour chaque partie en ce qui la concerne (1).

ART. 190. Une expédition de l'arrêté, certifiée conforme par le secrétaire général de la Préfecture ou, sur délégation du Préfet, par un conseiller de Préfecture, sera transmise, dans le délai de trois jours, au directeur des contributions directes, qui demeure chargé d'en notifier un extrait au réclamant et d'en préparer ou assurer l'exécution.

L'extrait contiendra un résumé des motifs et le dispositif de l'arrêté. En marge, sera donné au contribuable l'avis : 1° qu'il peut se faire donner communication du texte entier de l'arrêté au greffe du Conseil, ou s'en faire délivrer une expédition intégrale en payant les frais; 2° qu'il peut se pourvoir devant le Conseil d'État contre la décision, dans le délai de trois mois, à partir de la date de ladite notification, laquelle notification sera toujours jointe au pourvoi (2).

ART. 191. Les autres règles et dispositions du présent décret seront observées en tout ce qu'elles ont d'applicable à la matière des contributions et des taxes assimilées, sans porter atteinte aux dispositions spéciales qui en régissent l'instruction.

---

(1) L'article a pour objet de réduire les écritures inutiles. Si 20 ou 50 réclamations distinctes se présentent dans les mêmes conditions, pourquoi faire 20 ou 50 décisions, lorsqu'au moyen de la jonction des causes une seule décision peut suffire?

(2) Circ. minist., 10 mai 1849, art. 90.

§ 2. — *Taxes assimilées aux contributions.*

ART. 192. Lorsqu'il s'agit de taxes assimilées aux contributions directes (1), dont la répartition doit être faite non par l'administration des contributions, mais au moyen d'un rôle dressé par une autre autorité, rôle que le Préfet rend exécutoire et dont le recouvrement doit être poursuivi par les mêmes voies de contrainte, l'introduction et l'instruction des instances en décharge ou en réduction auront lieu d'après les règles établies ci-après (2).

ART. 193. La requête en réclamation contre une des taxes dont il s'agit sera déposée au greffe ou adressée au Préfet-Président du Conseil de Préfecture, par lettre chargée à la poste. Elle pourra aussi être déposée à la Sous-Préfecture, d'où elle sera transmise au greffe, après qu'on aura constaté par un timbre la date du dépôt fait au bureau de la Sous-Préfecture.

Il en sera donné ou envoyé au réclamant récépissé

---

(1) Telles que les taxes de la rétribution scolaire dans les écoles, de curage des cours d'eau, d'arrosage, de drainage, d'entretien des digues, d'affouage dans les bois communaux, de pavage, trottoirs et égouts de salubrité dans les villes, de remboursement des frais de visite des pharmacies et drogueries, et les autres taxes semblables. Lois annuelles de finances, état. D.

(2) Loi 14 floréal an XI, art. 3 et 4. — Loi 18 juillet 1838, art. 44. — Loi budget 1858, art. 25. — Loi 25 juin 1841, art. 28. — Loi 7 juin 1845, art. 1 et 3. — Loi 6 septembre 1807, art. 35, 36 et 37. — Loi 21 juin 1865, sur les associations syndicales, art. 15. — Loi 15 mars 1850, art. 41, sur l'instruction primaire.— Déc. 7 octobre 1850, art. 22 à 30, et 31 décembre 1853, art. 13 et 14.

indiquant tant la date du dépôt à la Sous-Préfecture, que celle de l'enregistrement au greffe.

Elle devra être présentée dans les trois mois de la publication du rôle, à peine de déchéance (1).

ART. 194. Elle contiendra : 1° les nom, prénoms, profession et demeure du réclamant ; 2° l'élection du domicile, s'il y a lieu, suivant les distinctions de l'art. 3, n° 3, ci-dessus ; 3° l'objet de la taxe contre laquelle il se pourvoit ; 4° la date du rôle et le numéro de l'article sous lequel il y est cotisé ; 5° les motifs qu'il invoque pour faire prononcer la décharge ou la réduction (2).

Elle sera en double exemplaire, dont un sur papier timbré, quand la taxe est supérieure à 30 fr., et l'autre en copie sur papier libre, certifiée conforme par le réclamant.

Il déclarera s'il a l'intention de présenter des observations orales à l'audience (2).

Il y joindra : 1° l'avertissement ou extrait du rôle délivré par le receveur ; 2° les quittances des douzièmes échus, jusqu'au jour de sa demande (3) ; 3° les pièces

(1) Loi 21 avril 1832, art. 28, et 4 août 1844, art. 8.—Déc. 12 juillet 1865, art. 1 et 2.

(2) Loi 21 avril 1832, art. 28. — Déc. 12 juillet 1865, art. 1 et 6.

(3) Loi 3 frimaire an VII, art. 146.—Arr. 16 thermidor an VIII, art. 1er. — Les lois sur les contributions directes étant applicables aux taxes assimilées, il en résulte que si l'on en applique les dispositions rigoureuses au redevable, telles que les déchéances et non-recevabilités, les voies rapides de contrainte, etc., il doit être admis à en invoquer les dispositions favorables au nombre desquelles est celle de payer la taxe par douzièmes à partir de la publication du rôle. Il n'y a aucune disposition de loi qu'on puisse invoquer contre lui pour l'obliger à payer sur-le-champ la taxe entière, excepté en matière d'affouage des bois communaux où l'enlèvement

justificatives de sa réclamation, qu'il indiquera sous forme de bordereau.

Art. 195. Après l'accomplissement des formalités prescrites par les art. 193 et 194, le Conseil de Préfecture, sur l'avis du rapporteur, ordonnera la communication de la requête, soit au secrétariat général de la Préfecture, s'il s'agit d'une taxe établie dans l'intérêt de l'État ou du département; soit au maire ou au secrétariat de la mairie, s'il s'agit d'une taxe municipale; soit au directeur du syndicat, s'il s'agit d'une taxe établie par une association syndicale (1).

Pourra le Conseil de Préfecture, sans que sa décision soit réputée interlocutoire, fixer certains points de la requête, sur lesquels l'Administration qui a établi le rôle de taxe sera particulièrement tenue de répondre, à l'effet de déterminer avec précision les faits reconnus et les faits contestés.

Art. 196. Il sera répondu à la requête en réclamation dans les délais réglés par les art. 18 et 19 du présent décret.

A l'expiration du délai imparti ou de la prolongation qui aurait été obtenue, si l'Administration n'a pas répondu à la requête, le réclamant pourra prendre contre elle défaut-congé et obtenir la décharge ou la réduction

---

de la part de l'ayant droit ne peut avoir lieu qu'après payement intégral de la taxe. De là le droit, pour l'Administration, d'exiger qu'à l'appui de sa requête le réclamant produise les quittances des douzièmes échus de la taxe, et pour le réclamant la faculté de payer seulement ces douzièmes et non la taxe entière avant d'introduire sa demande.

(1) Voir les notes sur l'art. 192.

suivant sa demande : aucune opposition ne sera reçue contre ce défaut (1).

Si l'Administration a répondu, le réclamant sera invité, par ordonnance du Président du Conseil, à prendre communication du dossier, soit au greffe, soit à la Sous-Préfecture où le dossier sera alors transmis, et à faire connaître dans les dix jours s'il veut fournir de nouvelles observations ou recourir à la vérification par voie d'experts (2).

Si de nouvelles observations sont reproduites, elles seront communiquées à l'Administration qui y répondra. Si l'expertise est demandée, il y sera procédé dans la forme établie aux art. 56 à 65, et 71 à 81, en tout ce qui est applicable à la matière (2).

Les frais d'expertise seront à la charge du réclamant s'il succombe pour le tout, et de l'Administration si sa demande est admise, même pour une faible réduction. Ils seront réglés par l'arrêté du Conseil qui prononcera sur le fond.

Art. 197. Les art. 182, 183, 184, 188, 189, 191 du présent décret sont applicables à l'instruction et au jugement des réclamations contre les taxes assimilées.

Art. 198. Dans les trois jours de la décision, il en sera donné avis au réclamant et à l'Administration par le secrétaire-greffier, avec envoi d'un extrait certifié conforme, comme il est dit en l'art. 190.

Art. 199. Si la requête a été rejetée, l'Administration

(1) C. Proc., art. 99, 113, 149, 154 et 434.

(2) Loi 21 avril 1832, art. 29. — Arr. 24 floréal an VIII, art. 5, 6, 17, 18, 19, 20 et 21.

pourra faire poursuivre par le percepteur ou receveur l'exécution du rôle, sauf à suspendre, s'il y a lieu, les poursuites du recouvrement en cas de pourvoi. Il en sera de même jusqu'à concurrence de la somme maintenue, quand une réduction de la taxe a été prononcée, et que l'Administration ne se pourvoit pas contre la décision.

Si la décharge a été prononcée et qu'il n'y ait pas eu pourvoi de la part de l'Administration, il sera délivré par l'autorité qui a dressé le rôle, une ordonnance de décharge visant l'arrêté et énonçant : 1° l'article du rôle ; 2° le nom du contribuable ; 3° le montant de la cote portée au rôle ; 4° le dégrèvement prononcé ou la somme à laquelle la cote est réduite. Cette ordonnance sera adressée au receveur ou percepteur qui en tiendra état dans ses écritures.

Il en donnera avis au redevable à qui il remboursera les sommes indûment perçues et qui donnera quittance du remboursement au pied de l'ordonnance.

En cas de réduction, il y aura lieu à une ordonnance de dégrèvement partiel pour ce qui a été réduit du montant de la taxe (1).

---

(1) Arr. 24 floréal an VIII, art. 14, 15, 16, 22 et 23. — Inst. minist., 16 septembre 1825.

Il est à remarquer que les formalités essentielles prescrites par l'arrêté du 24 floréal an VIII et les instructions pour les contributions directes, avec le concours des agents de cette administration et du Préfet, ne peuvent pas être appliquées littéralement aux taxes assimilées dont les rôles sont établis par d'autres autorités, telles que les Conseils municipaux, les instituteurs et les syndicats. La direction des contributions directes y est et doit y demeurer absolument étrangère. Le Préfet n'y intervient que pour rendre le rôle exécutoire ; mais il ne lui appartient pas, comme pour les contributions directes, de rendre les ordonnances de décharge ou de ré-

Art. 200. Lorsque la taxe départementale, municipale ou syndicale, assimilée aux contributions, est établie par voie de répartition, pour solder une dépense déterminée, le montant des décharges et réductions prononcées au profit de contribuables à tort ou trop imposés, pourra être réimposé si les besoins de l'Administration l'exigent. Cette réimposition se fera au moyen d'un rôle supplé-

---

duction d'un rôle municipal ou d'un rôle syndical, puisque ce sont là des opérations de la comptabilité des communes ou des syndicats pour lesquels il est incompétent. C'est l'ordonnateur des dépenses de cette nature qui peut seul délivrer les ordonnances dont il s'agit, en vertu des arrêtés du Conseil de Préfecture.

Le rôle est en effet un titre de recette dont le montant intégral est dû à la commune ou au syndicat, et dont le receveur est comptable. L'ordonnance de décharge ou de réduction étant l'acte par lequel le receveur est autorisé à tenir un redevable pour libéré, et le rôle pour réduit en principal jusqu'à due concurrence, le Préfet n'a aucun titre pour disposer ainsi des recettes de la commune ou du syndicat. Il en est de même, et par la même raison, des remises et modérations de taxes, qui ne peuvent être accordées que par le maire ou le directeur du syndicat, après délibération du conseil municipal ou de l'assemblée syndicale. L'ordonnance de remise ou de modération, destinée à tenir lieu d'espèces reçues dans la caisse du receveur et à le décharger d'autant sur le montant du rôle, constitue une diminution de la recette que le conseil municipal ou l'assemblée syndicale peut seul autoriser, et que le maire ou directeur du syndicat réalise par l'ordonnance de remise ou de modération. C'est donc par une erreur évidente de principe que l'art. 30 du décret du 7 octobre 1850 charge le Préfet de prononcer sur les demandes en remise concernant la rétribution scolaire.

Dans ces conditions de la législation, il a paru indispensable de régler, en ce point important, les règles à suivre pour l'exécution desdites décisions. C'est d'autant plus indispensable que les analogies d'après lesquelles on doit procéder manquent de précision, et que cette partie de la comptabilité publique, rendue difficile par l'obscurité et la confusion, laisse partout beaucoup à désirer.

mentaire qui en opérera la répartition entre les redevables dûment compris au rôle primitif (1).

ART. 201. L'opposition faite par le contribuable contre le recouvrement d'une taxe et fondée sur ce que, le rôle n'ayant pas été rendu exécutoire et publié, le percepteur ne peut, suivant l'art. 15 de l'arrêté du 16 thermidor an VIII, en exiger le payement, sera jugée d'urgence par le Conseil de Préfecture, après que le percepteur et l'Administration auront répondu aux moyens de l'opposition (2).

Il en sera de même lorsqu'il s'agira du recouvrement d'un état de recettes municipales dressé par le maire en exécution de l'art. 63 de la loi du 18 juillet 1837, et dont le redevable contestera la régularité ou le caractère exécutoire (2).

---

(1) Arr. du 14 floréal an VIII, art. 6, 12, 14 et 15. — Si le montant des réductions et décharges est sans importance, il n'y aura pas lieu à réimposition et la recette prévue en sera diminuée d'autant.

(2) Arr. 16 thermidor an VIII, art. 15. — Loi 18 juillet 1837, art. 63. — La première disposition de l'art. 201 s'explique et se justifie par le motif que les lois sur les contributions directes étant applicables aux taxes assimilées, l'art. 15 de la loi du 16 thermidor an VIII l'est également et avec d'autant plus de raisons que les rôles de taxes n'ont pas ordinairement la même régularité que ceux des contributions. — La seconde disposition s'explique et se justifie par les mêmes motifs, car s'il s'élève une contestation sur la régularité d'un état de recettes municipales, rendu exécutoire par arrêté du Préfet, comme c'est un rôle de taxe ou de contribution, à qui doit-il appartenir d'en connaître, si ce n'est au Conseil de Préfecture que la loi charge de prononcer sur les rôles? Il importe de régler ce point, qui présente quelquefois des difficultés.

CHAPITRE II.

DES CONTRAVENTIONS DE POLICE.

Art. 202. Lorsqu'il s'agit de contraventions de police appartenant à la compétence des Conseils de Préfecture, il est procédé comme il suit, à moins qu'il n'ait été établi d'autres règles par la loi.

Dans les cinq jours qui suivent la rédaction d'un procès-verbal de contravention ou son affirmation et son enregistrement, quand ces formalités sont exigées, le Sous-Préfet fait faire au contrevenant notification de la copie du procès-verbal, ainsi que de l'affirmation et de l'enregistrement, avec citation devant le Conseil de Préfecture.

La notification et la citation sont faites dans la forme administrative.

La citation doit indiquer au contrevenant qu'il est tenu de fournir ses défenses écrites dans le délai de quinzaine, à partir de la notification qui lui est faite, et l'inviter à faire connaître s'il entend user du droit de présenter des observations orales.

Il est dressé acte de la notification et de la citation ; cet acte doit être envoyé immédiatement au Sous-Préfet, il est adressé par lui, sans délai, au Préfet, pour être transmis au Conseil de Préfecture, et y être enregistré comme il est dit en l'art. 1er.

Lorsque le rapporteur aura été désigné, s'il reconnaît que les formalités prescrites dans les 3e et 4e alinéas du présent article n'ont pas été remplies, il en réfère au Conseil pour assurer l'accomplissement de ces formalités (1).

ART. 203. Le Conseil pourra, en raison des distances et des circonstances de l'affaire, prolonger, s'il y a lieu, suivant l'art. 18, le délai de quinze jours imparti au contrevenant pour répondre au procès-verbal. Il lui en sera donné avis par lettre mise à la poste, avec une suscription indiquant son objet.

ART. 204. La requête contenant les moyens de défense sera déposée au greffe dans le délai déterminé, et en double exemplaire, dont un sur papier timbré et l'autre sur papier libre. Elle pourra aussi être adressée au Préfet-Président ou au Vice-Président par lettre chargée à la poste.

Elle sera sur-le-champ marquée du timbre du Conseil, et inscrite au registre d'ordre, avec les pièces jointes, et il en sera donné ou envoyé récépissé.

ART. 205. Sur l'avis du rapporteur à qui la requête en défense sera renvoyée, le Conseil en ordonnera la communication à l'Administration poursuivante, laquelle sera tenue, à peine de forclusion, de répondre dans le délai de quinze jours, ou de celui qui lui aura été imparti conformément à l'art. 18.

Il pourra en même temps prescrire, que le contrevenant et l'Administration seront tenus de s'expliquer sur certains points de l'affaire dont l'éclaircissement lui paraît nécessaire.

---

(1) Déc. 12 juillet 1865, art. 8.

Art. 206. Si, à l'expiration du délai pour répondre au procès-verbal, le contrevenant n'a pas produit sa défense, le dossier sera communiqué au commissaire du Gouvernement, et l'affaire sera inscrite au rôle de la plus prochaine audience [1].

Après un rapport sommaire présenté par le rapporteur, et les conclusions du commissaire du Gouvernement, il sera statué par défaut lorsque le fait reproché constitue une contravention dont la connaissance appartient au Conseil de Préfecture. Le défaut de défense étant réputé un aveu de la contravention et des faits consignés au procès-verbal, la condamnation sera prononcée d'après lesdites circonstances qui seront tenues pour avérées [1].

Art. 207. Seront appliquées à la procédure sur les contraventions les règles établies ci-dessus, art. 145, 146, 152 à 158 inclusivement, pour les arrêtés par défaut dans les affaires ordinaires, et concernant le relevé du défaut, le délai pour la défense quand il y a plusieurs défendeurs, la notification de l'arrêté par défaut, l'opposition, sa forme et le délai pour la former, ses effets et la tierce opposition.

Toutefois, avant la notification de l'arrêté par exploit d'huissier, il sera, par lettre du Président, donné avis au défaillant de la condamnation par défaut prononcée contre lui ; il sera en même temps invité soit à acquiescer à l'arrêté, soit à former opposition [2].

---

(1) C. I. cr., art. 149, 159, 186 et 191.

(2) Règl. Cons. Préf. de la Seine, art. 50. — C. Proc., art. 155, 164 et 548. — Voir les art. 169, 170, et les notes.

Si, dans les cinq jours de la notification de cet avertissement, le défaillant n'a ni acquiescé à l'arrêté, ni formé opposition, il en sera délivré à l'Administration poursuivante une expédition en forme de grosse exécutoire, qui sera signifiée au contrevenant par huissier, et l'exécution en sera poursuivie par les voies de droit. C'est de la date de ladite signification que courra le délai rigoureux de huit jours pour former opposition [1].

Art. 208. Sont également applicables à la procédure sur les contraventions les règles établies ci-dessus, concernant le rapport et le projet d'arrêté préparés par le conseiller-rapporteur, les conclusions du commissaire du Gouvernement, la convocation de la partie quand elle a demandé à présenter des observations orales, les débats de l'audience, la délibération, la forme, la notification et l'exécution des arrêtés, le pourvoi, sauf ce qui est dit ci-après, art. 212 et 216, et toutes autres mesures d'instruction prescrites pour les affaires ordinaires, quand elles ne sont pas incompatibles avec le caractère de l'instruction dans la matière pénale des contraventions.

Art. 209. Dans les cas où le procès-verbal de contravention ne fait foi que jusqu'à preuve contraire, si les faits qui y sont rapportés ou ceux allégués par l'Administration dans sa réponse aux moyens de défense, sont contestés par le contrevenant, il sera mis en demeure de formuler les faits contraires dont il entend faire preuve,

---

(1) Régl. Cons. Préf. de la Seine, art. 60. — C. Proc., art. 155, 164 et 548. — Voir l'art. 169 et la note.

et de demander l'enquête en indiquant les témoins qui en doivent déposer (1).

Le Conseil statuera sur la demande d'enquête. S'il l'ordonne, il y sera procédé dans les formes établies ci-dessus, art. 43 et suivants (1).

Art. 210. Lorsque la contravention a été commise par un domestique, un ouvrier ou un préposé agissant pour son maître ou patron, par un marinier agissant pour le propriétaire du bateau ou l'entrepreneur de transport par eau, par un locataire en réparant indûment des bâtiments, ou en faisant indûment des constructions sur les terrains loués, avec ou sans l'assentiment du propriétaire, l'auteur de la contravention, s'il est connu, et la personne responsable, seront simultanément mis en cause (2). La condamnation à l'amende, aux réparations civiles et aux dépens, sera prononcée soit contre l'auteur de la contravention et contre le maître ou patron comme civilement responsable, soit seulement contre le maître, patron, entrepreneur ou propriétaire du bateau qui a donné l'ordre et a ainsi assumé sur lui la contravention. Dans ce cas, l'ouvrier, domestique, préposé ou marinier sera mis hors de cause (3).

Pour les contraventions de voirie commises par les

(1) C. I. cr., art. 153, 154 et suiv.

(2) Cette disposition est indispensable pour éviter les complications résultant de ce que l'individu poursuivi rejette souvent la contravention sur une partie qui n'est pas en cause, et qu'il y a lieu à des suppléments d'instruction durant lesquels s'écoule le délai pour la prescription.

(3) Ord. de déc. 1672, art. 9. — Ord. 4 août 1731, *in fine*. — Arrêt du Conseil, 16 déc. 1759. — Ord. du Bureau des finances du 17 juillet 1781, art. 7. — Loi 30 mai 1851, art. 9 et 13. — C. Nap., art. 1384.

locataires dans les immeubles par eux loués, la condamnation sera prononcée solidairement contre eux et contre les propriétaires, même lorsque ceux-ci n'auraient pas donné leur assentiment aux réparations et constructions, ces travaux sur leurs immeubles devant leur profiter et ne pouvant être démolis, s'il y a lieu, sans qu'ils aient été partie au procès (1).

Art. 211. Tout arrêté de condamnation rendu contre un contrevenant et contre les personnes civilement responsables, ou solidairement tenues avec lui, ou contre les coauteurs de la contravention, les condamnera aux frais même envers la partie publique. Les frais seront liquidés par le même arrêté ou, après la décision, par ordonnance du Président (2).

Art. 212. Dans la rédaction de tout arrêté de condamnation seront énoncés les faits dont les personnes poursuivies seront jugées coupables ou responsables.

Le texte de la loi dont on fera l'application y sera cité ou résumé, et il en sera donné lecture à l'audience en même temps que des motifs et du dispositif de l'arrêté (3).

Art. 213. Les art. 104 et 106, concernant la péremption, sont applicables aux instances pour la poursuite des contraventions. Dans ce cas, l'action publique est éteinte,

---

(1) C. Nap., art. 553 et 555. — Que le locataire ait élevé les constructions ou fait les travaux qui constituent une contravention, avec ou sans l'assentiment du propriétaire, ils n'en doivent pas moins être mis en cause tous les deux, puisque si la démolition est ordonnée ils y ont, l'un et l'autre, un intérêt aux termes des articles précités du Code Napoléon.

(2) C. I. cr., art. 194.

(3) C. I. cr., art. 195.

mais l'action civile en démolition des ouvrages indûment exécutés, en réparation du dommage causé par la contravention, ou en payement des frais faits par l'Administration pour le réparer d'urgence, subsistera. Elle pourra être poursuivie par instance principale devant le Conseil de Préfecture, soit contre le contrevenant lui-même, et contre ceux qui sont tenus avec lui ou pour lui, soit contre leurs représentants, à moins qu'elle ne soit éteinte elle-même par la prescription de l'art.640 du Code d'Instruction criminelle (1).

Art. 214. La condamnation par défaut n'interrompt pas la prescription d'un an édictée par l'art. 640 du Code

(1) C. I. cr., art. 2, 3 et 640. — C. Proc., art. 156, 397 et 401. — Loi 30 mai 1851, art. 26. — S'il est dans l'intérêt d'une bonne police que les contraventions soient promptement réprimées, afin que leur peine, toujours légère, soit efficace, l'intérêt n'est pas moindre pour les contraventions en matière administrative : c'est dans cette pensée que la loi sur la police du roulage (art. 26) déclare l'instance périmée lorsque pendant six mois les poursuites ont été discontinuées. On doit présumer, en effet, que l'Administration tient peu à la répression lorsqu'elle laisse écouler un tel laps de temps sans poursuite. Il convient d'appliquer la même règle aux autres contraventions ; mais le principal intérêt pour l'Administration consiste le plus souvent dans la démolition des ouvrages indûment édifiés ou dans la réparation d'un dommage causé. Il est donc nécessaire de maintenir l'exercice de l'action civile, même après la péremption de l'instance répressive, pourvu que cette action ne soit pas éteinte par la prescription. Le Conseil de Préfecture étant compétent pour statuer sur la réparation civile, comme accessoire de l'action publique, c'est à lui que doit appartenir aussi la connaissance de l'action civile exercée par une instance principale. Le cas se présente souvent, par exemple quand il s'agit de poursuivre le payement de la dépense faite par l'Administration pour réparer d'urgence les dégradations causées à une route, soit pour l'enlèvement des dépôts qui y ont été indûment effectués et entravaient la circulation.

d'Instruction criminelle, et qui court à partir du jour où la contravention a été commise, lorsque cette décision tombe comme non avenue par une opposition dûment formée et recevable (1).

Mais si le temps pour la prescription s'accomplit dans le délai entre le jour de la condamnation par défaut et celui où elle est devenue définitive faute d'opposition, la prescription ne sera pas acquise et ne pourra être invoquée, même en cause d'appel (1).

Art. 215. Lorsque la loi prononce une peine plus forte en cas de récidive, il en sera fait application si dans les douze mois précédents il a été rendu par le Conseil de Préfecture, contre le même contrevenant, un

---

(1) C. I. cr., art. 157, 208 et 640. — C. Proc., art. 156 et 157. — La question de savoir si la condamnation par défaut interrompt la prescription d'un an édictée par l'art. 640 du Code d'Instr. crim., a soulevé des difficultés sérieuses qu'il importe de faire cesser. Du principe non contestable que l'opposition, dûment formée et recevable, fait tomber la décision par défaut et la rend absolument non avenue avec toutes ses conséquences, il résulte que la prescription, qui court du jour de la contravention commise, n'a pas été interrompue par une telle décision lorsqu'elle s'évanouit, et que les parties sont remises au même état que si elle n'avait pas été prononcée. Si l'on maintient la règle actuelle d'après laquelle l'opposition est recevable jusqu'au jour de l'exécution de l'arrêté par défaut, la question se présentera souvent dans la pratique, puisque entre le jour de l'arrêté par défaut et celui de l'opposition, le délai d'un an pour la prescription peut se trouver complété. Mais si l'on admet la disposition de l'art. 153, qui fixe à huit jours le délai de l'opposition à partir de la notification de l'arrêté par défaut, cet arrêté devenant définitif faute d'opposition, toute difficulté disparaît; et, en cas d'opposition, il n'y a qu'un délai de huit jours ajouté au temps requis pour la prescription. — Voir sur ce sujet une dissertation publiée par nous dans le n° 10 du journal *Le Conseil de Préfecture*, année 1865.

arrêté de condamnation pour contravention de police de sa compétence commise dans son ressort (1).

Art. 216. Le recours au Conseil d'État contre les arrêtés des Conseils de Préfecture, relatifs aux contraventions dont la répression leur est confiée par la loi, peut avoir lieu par simple mémoire, déposé au secrétariat général de la Préfecture ou à la Sous-Préfecture, et sans l'intervention d'un avocat au Conseil d'État (2).

Il est délivré au déposant récépissé du mémoire, qui doit être transmis immédiatement, par le Préfet, au secrétariat général du Conseil d'État (2).

CHAPITRE III.

DU JUGEMENT DES COMPTES COMMUNAUX ET AUTRES.

Art. 217. Les Conseils de Préfecture, dans chaque département, sont chargés de l'apurement des comptes

---

(1) C. Pén., art. 58 et 483. — Déc. 22 mars 1813, art. 30. — Arr. du Cons., 27 février 1765. — Ord. 18 juin 1765 et autres lois anciennes. — Suivant l'art. 58 du Code pénal, il y a récidive quand l'inculpé a été condamné antérieurement à un emprisonnement de plus d'un an ; suivant l'art. 483, il y a récidive quand, dans les douze mois précédents, il a été rendu contre le contrevenant un premier jugement pour l'une des contraventions prévues dans le livre IV du même Code. Cette dernière disposition n'étant expressément applicable qu'auxdites contraventions, et les analogies n'étant pas admises en matière pénale, il est nécessaire de décider comment doit s'entendre la récidive, lorsqu'il s'agit de contraventions de police administrative, dans les cas où la loi a édicté une peine plus forte pour la récidive.

(2) Loi 21 juin 1865, art. 12.

des revenus des communes, des hospices et des autres établissements de bienfaisance, des associations syndicales, et des économes des écoles normales primaires dont le jugement n'est pas déféré à la Cour des Comptes ; ils jugent aussi tous autres comptes qui leur sont régulièrement attribués (1).

---

(1) Loi 18 juillet 1837, art. 66. — Loi 21 juin 1865 sur les associations syndicales, art. 16. — Loi 21 juin 1865 sur les Conseils de Préfecture, art. 10. — Déc. 31 mai 1862, art. 427, 528 et 529. — Il serait bien désirable que l'on pût ajouter à cette disposition le jugement des comptes de fabriques d'églises et autres établissements religieux. De nombreux et graves abus, qui donnent lieu à des difficultés, à des plaintes incessantes, seraient empêchés par cette mesure ; elle est désirée par tous les hommes impartiaux qui ont étudié la matière. Dans l'état actuel des choses, on peut dire que les comptes des trésoriers des fabriques ne sont jamais apurés d'une manière sérieuse, et que les tribunaux civils à qui il appartient de juger les contestations sur lesdites redditions de compte, ne peuvent y procéder comme le feraient les Conseils de Préfecture.

Le jugement des comptes communaux et autres est l'une des plus importantes attributions des Conseils de Préfecture. L'importance de cette attribution juridictionnelle va encore être augmentée notablement par les lois de décentralisation qui, en étendant le pouvoir propre des conseils municipaux, et en supprimant pour un grand nombre d'actes le contrôle et l'approbation préalables de l'autorité préfectorale, ont donné aux communes, à l'égard de leurs recettes et de leurs dépenses, une latitude dont quelques-unes peuvent abuser. Beaucoup d'irrégularités plus ou moins graves, beaucoup d'abus qui n'étaient empêchés que par la vigilance et la fermeté des sous-préfets et préfets, vont se reproduire et ne pourront être désormais réprimés que par le Conseil de Préfecture. Il devient donc d'autant plus indispensable de régler, avec des détails complets, la procédure à suivre dans la vérification et le jugement des comptes communaux.

Deux autres raisons viennent confirmer cette nécessité. La première, c'est que le décret du 31 mai 1862, sur la comptabilité, ne contient que huit à dix articles pour régler une matière si étendue et si compliquée, s'en référant par l'art. 433 aux dispositions relatives à la Cour des Comptes. Or, dans beaucoup de cas, les analogies ne se tirent pas facilement de dis-

Leur juridiction s'étend aux comptes des communes et des autres établissements publics dont les revenus ordinaires n'excèdent pas 30,000 fr. (1).

§ 1er. — *Dépôt, instruction et vérification des comptes.*

ART. 218. Le Conseil de Préfecture est saisi de l'instance en jugement des comptes communaux par le dépôt qui doit en être fait au greffe avant le 1er septembre de chaque année pour l'exercice clos. Ils doivent être dressés en double expédition, dont une (servant d'original) sur papier timbré ; être affirmés sincères et vé-

---

positions faites pour une autre juridiction ; et d'autre part, les règles fondées sur des analogies sont toujours dangereuses. Il est à remarquer aussi qu'il n'y a dans le décret de 1862 qu'une seule disposition (art. 25) sur les comptabilités occultes ; cependant, pour ces sortes de comptabilités une procédure précise est d'autant plus nécessaire que les opérations à juger ont été faites, en dehors de toutes règles, comme en violation des lois, et qu'il en résulte de graves responsabilités à la charge de ceux à qui elles sont imputables.

La seconde raison, c'est que cette attribution juridictionnelle des Conseils de Préfecture est celle dont l'exercice laisse le plus à désirer, comme le savent très-bien tous les fonctionnaires qui ont pris part à l'administration et à la comptabilité des communes. Or, plus on étendra par la décentralisation le pouvoir propre des conseils municipaux et des maires, plus on leur laissera de latitude dans les opérations de recettes et de dépenses pour la composition des budgets et pour l'administration des biens ou revenus communaux, plus il est opportun d'apporter, dans la vérification et le jugement des comptes, une extrême vigilance et une rigoureuse fermeté.

Le présent chapitre sur la procédure dans les jugements de comptes a pour but de satisfaire, aussi complétement que possible, à ces diverses considérations.

(1) Voir la note 1 de la page 119.

ritables, sous les peines de droit, datés et signés par les comptables, ou, s'ils sont décédés, par leurs héritiers et ayants cause.

En cas de défaut ou de retard, les comptables seront condamnés à l'amende prononcée par les lois et règlements (1).

Le Conseil pourra ordonner les mesures coercitives nécessaires pour contraindre le comptable à dresser et à déposer son compte ou commettre un expert comptable pour le dresser d'office à ses frais et risques, sur les pièces qui seront produites ou recueillies (1).

Les comptes doivent être jugés avant l'époque fixée pour la présentation de ceux de l'année suivante (1).

ART. 219. Les comptes déposés seront enregistrés au greffe par ordre de dates et de numéros, du jour qu'ils seront présentés. Il en sera délivré récépissé (2).

Après une vérification sommaire du compte, faite au greffe, le Conseil, sur l'avis du conseiller-rapporteur, décidera s'il est en état d'examen suivant les instructions, ou s'il doit être renvoyé au comptable pour le rectifier ou le compléter (3).

ART. 220. Le compte de gestion, pour être admis à la vérification et au jugement, sera établi conformément

---

(1) Loi 28 pluviôse an III, chap. 3, art. 1er et 2. — Arr. 29 frimaire an IX, art. 4. — Loi 16 septembre 1807, art. 12 et 13. — Loi 18 juillet 1837, art. 68. — Déc. 31 mai 1862, art. 26, 27, 28 et 430. — Déc. 27 janvier 1866, art. 3. — Instr. génér. des fin. 20 juin 1859, art. 1550, 1556, 1557.

(2) Déc. 28 septembre 1807, art. 49. — Déc. 31 mai 1862, art. 401.

(3) Déc. 27 janvier 1866, art. 1er et 2. — Circ. min. des fin. 30 janvier 1866, § 1 à 8. — Déc. 31 mai 1862, art. 27 et 28. — Instr. génér. des fin. 20 juin 1859, art. 1551 à 1556.

aux dispositions du décret du 27 janvier 1866, de la circulaire du Ministre des Finances du 30 janvier suivant, et du modèle qui y est joint (1).

Après avoir rappelé le résultat des opérations durant les trois mois complémentaires de l'exercice précédent, qui constituent la première partie de la gestion à juger, le compte fera connaître : 1° les opérations des douze mois de l'année composant la deuxième partie de la gestion, et 2° celles faites durant les trois mois complémentaires de l'exercice composant la première partie de la gestion de l'année suivante ; ce document sera établi de manière à concorder, en le justifiant, avec le compte administratif du maire, à relier les comptes entre eux sans interruption, et à maintenir l'unité de gestion annuelle.

Ils doivent en outre présenter, suivant l'art. 23 du décret du 31 mai 1862, la situation du comptable au commencement et à la fin de la gestion, avec l'indication des valeurs en caisse et en portefeuille composant son reliquat (2).

Art. 221. Le compte sera appuyé de toutes les pièces justificatives prescrites par les lois et règlements, et notamment de la délibération du conseil municipal qui a statué sur ledit compte (3).

---

(1) Voir la note 3 de la page 121.

(2) Déc. 31 mai 1862, art. 23, 523.

(3) Loi 18 juillet 1837, art. 19, 20, 23 et 66. — Déc. 31 mai 1862, art. 522, 524, 525. — Déc. 27 janvier 1866, art. 3. — Circ. min. des fin., § VIII et modèle n° 6. — Instr. génér. des fin. 20 juin 1859, art. 835, 836, 1554 et 1555. — Les comptes communaux doivent être apurés et jugés par les Conseils de Préfecture. La délibération du conseil municipal portant le rejet

Lorsque le conseil municipal, dans sa délibération, aura demandé que des injonctions soient faites au receveur sur certaines opérations (1), le comptable joindra à son compte une requête en double exemplaire sur papier libre, dans laquelle il discutera les demandes d'injonction s'il entend les contester. La requête sera introductive d'instance, aux fins de faire statuer sur lesdites demandes.

ART. 222. A l'expiration du délai pour le dépôt des comptes, le registre d'inscription sera clos par le Président, et un état des comptes déposés sera dressé par le secrétaire-greffier, et remis au commissaire du Gouvernement qui requerra contre les comptables en retard l'application des amendes, et, s'il y a lieu, les mesures coercitives (2).

ART. 223. Le Préfet-Président ou le Vice-Président, fait, entre les conseillers de Préfecture, la distribution des comptes, et détermine combien chaque conseiller doit présenter de comptes à juger par chaque mois, de manière que le jugement de tous les comptes soit effec-

---

d'un article du compte ou la critique de l'opération, au point de vue de la comptabilité, ou la contestation de certaines pièces produites à l'appui, constitue seulement une demande d'injonctions sur lesquelles il appartient au Conseil de Préfecture de statuer, après avoir entendu le comptable en ses moyens de défense.

(1) Voir la note 3 de la page 122.

(2) Loi 28 pluviôse an III, chap. III, art. 1er et 2. — Arr. 29 frimaire an IX, art. 4. — Déc. 28 septembre 1807, art. 37. — Déc. 31 mai 1862, art 27, 28, 390 et 433. — Loi 18 juillet 1837, art. 68. — Instr. génér. des fin. 20 juin 1859, art. 1556.

tué dans l'année, suivant l'art. 430 du décret du 31 mai 1862, et l'art. 218 ci-dessus (1).

Art. 224. Il sera procédé au greffe, sous l'autorité et la responsabilité du conseiller-rapporteur, à la vérification matérielle des comptes en ce qui concerne les objets suivants : 1° le pointage de tous les articles du compte, pour établir leur concordance avec les budgets ou les autorisations spéciales, et avec les fiches des pièces justificatives; 2° les additions des colonnes, les reports et les totaux; 3° le calcul des impositions communales, des intérêts, des remises, des décomptes de tous genres, du montant des factures, des états de sommes à recevoir ou à payer, en un mot de tous les documents de comptabilité qui peuvent donner lieu à une vérification de cette nature.

Le conseiller-rapporteur vérifiera ensuite par lui-même toutes les opérations du compte, pour reconnaître si elles ont été accomplies conformément aux lois et règlements (2).

---

(1) Déc. 31 mai 1862, art. 405, 430 et 433.

(2) Loi 16 septembre 1807, art. 19. — Déc. 31 mai 1862, art. 407, 412 et 433. — Dans la plupart des départements, le nombre des comptes annuels des communes et des établissements de bienfaisance, qui doivent être jugés par les Conseils de Préfecture, est, terme moyen, de 5 à 600; il s'élève quelquefois à 900 et même à 1,000, lorsque le département compte plus de 7 à 800 communes. C'est donc environ 150 à 200 comptes (et souvent plus) que chaque conseiller de préfecture doit annuellement vérifier, et dont il a à préparer le jugement. Il est évident que s'il devait effectuer par lui-même toutes les vérifications que comporte chaque article du compte en recette et en dépense, tant au point de vue matériel des chiffres qu'au point de vue réglementaire et légal, il lui serait impossible d'y satisfaire, surtout avec les autres devoirs qui lui incombent. Il y a en effet, dans chaque département, outre les affaires diverses et les contraventions à la police adminis-

ART. 225. Le conseiller-rapporteur rédigera une feuille de vérification portant indication des points sur lesquels le comptable sera, par le Conseil, invité à répondre. Cette feuille de vérification sera transmise par le receveur des finances qui pourra, en renvoyant la réponse du comptable, y ajouter les observations qu'il jugera utiles (1).

---

trative, plusieurs milliers de réclamations en matière de contributions directes, et de taxes assimilées aux contributions sur lesquelles il doit être statué par le Conseil de Préfecture dans un très-court délai, celui de trois mois à partir de la demande.

Cela étant, si l'on veut que la vérification et le jugement des comptes par le Conseil de Préfecture ne soient pas une vaine formalité, mais une opération réelle et efficace, il est nécessaire de faire la distinction établie dans le présent article entre les vérifications purement matérielles (qui peuvent être effectuées au greffe par un employé comptable, sous l'autorité et la responsabilité du conseiller-rapporteur), et les vérifications réglementaires que le conseiller-rapporteur doit opérer lui-même. Dans ces conditions, le travail de la vérification et du jugement des comptes peut avoir lieu d'une manière sérieuse et donner des résultats efficaces : c'est ainsi qu'il est procédé avec un succès complet et une sûreté parfaite devant le Conseil de Préfecture de la Seine. Vouloir plus, exiger que chaque conseiller-rapporteur se livre aux deux sortes de vérifications, c'est vouloir l'impossible, et, par une conséquence à peu près inévitable, réduire le jugement des comptes à un simple visa, ce qui n'arrive que trop souvent, ou supprimer de fait l'une des deux vérifications.

Nous estimons que la même distinction et la même mesure seraient appliquées avec de grands avantages à la Cour des Comptes; qu'au moyen d'un certain nombre d'employés comptables chargés (sous l'autorité et la responsabilité des référendaires), d'effectuer les vérifications matérielles, on déchargerait ceux-ci d'une partie de leur travail, ce qui leur donnerait plus de temps pour les vérifications réglementaires. On hâterait ainsi l'examen et le jugement des comptes, sans enlever aux opérations rien de leur sûreté et de leur efficacité.

(1) Loi 18 juillet 1837, art. 67. — Instr. génér. des fin. 20 juin 1859, art. 1302 à 1304 et 1554. — Circ. min. des fin. 30 janvier 1866, § VIII.

Le Conseil décidera s'il y a lieu de faire au conseil municipal communication des questions sur lesquelles ledit conseil municipal est en droit de donner son avis, ou de prendre des conclusions contre le comptable dans l'intérêt de la commune.

Si, dans sa délibération, le conseil municipal a demandé que des injonctions soient faites, la communication des réponses du comptable et des observations du receveur des finances sera obligatoire (1). Il sera répondu par une nouvelle délibération aux moyens de défense produits à ce sujet devant le Conseil de Préfecture.

Les comptables en retard de produire les justifications complémentaires qui seront exigées, seront punis des mêmes peines que pour le retard dans la présentation du compte (2).

Art. 226. Le conseiller-rapporteur pourra entendre sur leur demande ou appeler d'office les comptables ou leurs fondés de pouvoirs, pour fournir des explications verbales sur les détails du compte ou sur les pièces produites. Il pourra entendre de même sur leurs demandes les maires ou administrateurs (3).

Les maires, administrateurs et comptables pourront aussi être entendus par le Conseil, s'il y a lieu.

Art. 227. Le conseiller-rapporteur rédige sur chaque compte un rapport raisonné, divisé en trois parties (4).

---

(1) Voir la note 1 de la page précédente.

(2) Loi 28 pluviôse an III, chap. 2, art. 1er, 5 et 11. — Arr. 29 frimaire an IX, art. 4. — Déc. 31 mai 1862, art. 28. — Loi 18 juillet 1837, art. 68.

(3) Déc. 28 septembre 1807, art. 21. — Déc. 31 mai 1862, art. 409 et 433.

(4) Loi 16 septembre 1807, art. 20. — Déc. 28 septembre 1807, art. 24 et 28. — Déc. 31 mai 1862, art. 408 et 412. — Les articles des lois et règle-

La première partie, relative à l'état matériel du compte, fera connaître : 1° s'il a été dressé et les pièces justificatives présentées selon l'ordre et la méthode déterminés par les règlements et instructions; 2° les irrégularités donnant lieu seulement soit à un redressement d'ordre ou à un redressement de chiffres ou d'écritures, soit à de simples observations pour l'avenir.

La deuxième partie, relative aux concordances, fera connaître : 1° si le compte est en concordance avec la situation du comptable, tant au 31 décembre de la gestion précédente qu'au 31 décembre de la gestion à juger, et à la clôture de chacun des deux exercices qui y sont compris; 2° s'il est en concordance avec le compte administratif du maire pour l'exercice clos; 3° si l'état des restes à recouvrer et des restes à payer est d'accord avec les droits constatés au 31 décembre de l'exercice; 4° la comparaison de l'actif de la commune avec celui ou

---

ments que nous citons se bornent à des généralités et à des indications très sommaires sur la composition du rapport. Ces règles nous paraissent tout à fait insuffisantes pour ce qui concerne le jugement des comptes par les Conseils de Préfecture, et nous avons pensé qu'il est nécessaire de tracer nettement dans le décret les constatations essentielles que le rapport doit établir pour éclairer et justifier la décision à rendre.

Il y a trois points de vue sous lesquels le compte peut être examiné : 1° son état matériel; 2° ses concordances; 3° les charges et souffrances auxquelles il doit être fait droit. De là la division naturelle du rapport en trois parties, pour chacune desquelles il nous a paru utile d'indiquer les principales constatations que le rapporteur doit opérer et y consigner.

Comme on ne doit jamais prescrire que ce qui peut être fait, le paragraphe final dispense de rédiger un rapport écrit avec les divisions réglementaires, lorsque le compte est en un état si régulier et si satisfaisant d'apurement, qu'un rapport verbal suffit pour mettre le Conseil en mesure de le juger.

ceux des gestions précédentes, et avec les constatations faites dans les comptes au sujet des propriétés communales; 5° l'observation des règles concernant les recettes affectées à des dépenses spéciales; 6° l'état des services hors budgets en recettes et en dépenses.

La troisième partie, relative aux charges et souffrances du compte, fera connaître : 1° les erreurs matérielles, en plus ou en moins, donnant lieu à des forcements en recettes ou à des réductions; 2° les erreurs légales résultant du trop, mal ou indûment perçu, et du trop, mal ou indûment payé; 3° le défaut, l'insuffisance ou l'irrégularité des justifications; 4° le défaut, l'insuffisance ou l'irrégularité des pièces, titres, actes ou mesures de garantie que le comptable doit faire ou produire, ou dont il doit répondre; 5° la suite donnée aux injonctions précédentes; 6° les injonctions demandées par le conseil municipal à admettre ou à rejeter, et les injonctions à ordonner d'office.

Les modifications en augmentation ou en diminution, dont la recette et la dépense du compte sont susceptibles, seront l'objet de dispositions spéciales dans le rapport et dans l'arrêté à intervenir (1).

Si le compte est reconnu régulier et en état satisfaisant d'apurement, sauf quelques observations ou injonctions, le conseiller-rapporteur pourra se borner à un rapport verbal, en consignant seulement par écrit la régularité qu'il a constatée et les injonctions ou observations qu'il propose.

---

(1) Instr. génér. des fin. 20 juin 1859, art. 1557.

Art. 228. Le rapport sera communiqué au commissaire du Gouvernement qui, dans le délai de quinze jours, présentera des conclusions verbales ou par écrit; il en sera fait mention dans l'arrêté (1).

§ 2. — *Jugement des comptes; exécution des décisions; voies de recours.*

Art. 229. Si, dans les délais qui lui ont été impartis, le comptable n'a pas répondu aux questions posées par la feuille de vérification, transmise en exécution de l'article 225, son silence sera tenu pour un aveu sur les points en litige, et il sera passé outre au jugement du compte.

Toutefois, l'arrêté ainsi rendu aura seulement le caractère d'un arrêté par défaut, et le comptable pourra, dans les quinze jours de la notification qui lui en sera faite, y former opposition (2).

L'opposition contiendra les moyens invoqués contre les injonctions avec les pièces justificatives à l'appui desdits moyens. Elle sera communiquée au conseil municipal qui en délibérera et répondra, s'il y a lieu.

Le receveur des finances sera appelé à donner son avis

---

(1) Déc. 28 septembre 1807, art. 42. — Déc. 31 mai 1862, art. 395 et 433.

(2) Arr. 29 frimaire an IX, art. 2 et 3. — Déc. 31 mai 1862, art. 431. — Inst. génér. des fin. du 20 juin 1859, art. 1560, § 3, 4 et 5. — Voir la note sur l'article suivant, dans laquelle sont expliqués les motifs et le caractère de l'innovation proposée pour supprimer les arrêtés provisoires.

tant sur la requête d'opposition que sur la délibération du conseil municipal (1).

Le Conseil de Préfecture statuera sur l'opposition par un arrêté définitif (1).

Art. 230. Lorsque le comptable a répondu à la feuille de vérification, et que le conseil municipal a délibéré sur les points en litige, l'arrêté rendu par le Conseil de Préfecture est définitif (1). Il ne pourra plus être attaqué que par la demande en révision, suivant l'art. 237 ci-après, et par l'appel devant la Cour des Comptes dans le délai déterminé par l'art. 236.

La distinction établie par l'art. 431 du décret du 31 mai 1862, entre les arrêtés provisoires et les arrêtés définitifs, est supprimée (2).

---

(1) Voir la note 2 de la page précédente.

(2) Sous l'empire du décret du 31 mai 1862, les arrêtés statuaient sur une gestion comprenant la fin d'un exercice (les trois mois complémentaires) et le commencement de l'exercice suivant (les douze mois), dont la suite appartenait à un autre compte de gestion. Ils étaient donc nécessairement provisoires pour partie à un double titre : d'abord parce que les opérations faites durant les douze mois de l'exercice n'étant pas complètes et définitives, leur apurement ne pouvait pas avoir non plus ce caractère ; ensuite, parce que les injonctions contre le comptable, ou le rejet des injonctions demandées par le Conseil municipal, étaient en effet prononcées contre eux par défaut. Il était donc nécessaire, après que le comptable avait répondu aux injonctions de l'arrêté provisoire, de rendre un arrêté définitif pour l'en décharger ou pour mettre à sa charge, par des forcements de recette ou des rejets de dépense, les sommes ou une partie des sommes qui faisaient l'objet des charges ou injonctions contenues dans le premier arrêté. (Instr. gén. des fin. du 20 juin 1859, art. 1560, § 4 et 5.)

Depuis le décret du 27 janvier 1866, qui a décidé que le compte de gestion comprendrait désormais les douze mois de l'exercice, et les trois mois complémentaires appartenant à la gestion suivante, l'arrêté d'apure-

ART. 231. Les arrêtés sont rédigés suivant la forme établie dans le modèle annexé à la circulaire du Ministre des Finances, du 30 janvier 1866 (1).

Ils statuent, par des dispositions séparées : 1° à titre définitif, sur les injonctions prononcées par des arrêtés précédents, pour les lever ou les confirmer suivant les justifications produites ou non produites ; 2° à titre définitif, sur la gestion à juger, comprenant les douze mois de l'exercice (1) ; 3° à titre provisoire, sur la première partie de la gestion de l'année suivante, comprenant les

---

ment statue à titre définitif sur les opérations des douze mois, le Conseil ayant sous les yeux les documents pour l'exercice entier. S'il prononce seulement à titre provisoire sur celles des trois mois complémentaires, c'est parce qu'elles constituent la première partie du compte de gestion de l'année suivante, dont l'exercice est en cours, et qui ne sera présenté à l'apurement qu'au mois de septembre, après sa clôture. Le premier motif pour lequel les premiers arrêtés étaient provisoires, n'existe donc plus, par suite de l'application du décret du 27 janvier 1866.

Le second motif disparaîtrait également si les art. 229 et 230 étaient adoptés ; en effet, les arrêtés d'apurement cesseraient d'être prononcés par défaut contre les comptables, puisque ceux-ci seraient appelés à fournir leurs moyens de défense sur ces points en litige, et qu'ainsi l'instruction sur les injonctions serait contradictoire avant la décision à intervenir. Il en résulterait qu'au lieu de prononcer dans un premier arrêté provisoire des injonctions auxquelles le comptable aurait à répondre, on prononcerait sur-le-champ soit la décharge du comptable, soit les forcements de recette ou les rejets de dépense. S'il y avait lieu de prononcer encore certaines injonctions, elles auraient un caractère définitif, et, faute d'y avoir satisfait dans le délai imparti, le comptable serait tenu du forcement en recette ou du rejet de dépense qui en serait la conséquence et la sanction.

L'avantage du système proposé est de hâter beaucoup le moment où l'apurement acquiert le caractère définitif.

(1) Déc. 27 janvier 1866, art. 1er et 2. — Les paragraphes 2 et 3 de l'art. 231 s'expliquent par leur texte même et par la note de l'article précédent.

opérations des trois mois complémentaires de l'exercice précédent (1); 4° sur les injonctions qui doivent être faites au comptable, ou sur le rejet de celles qui ont été, à tort, demandées par le Conseil municipal.

Les injonctions ou refus d'injonctions doivent être motivées et indiquer les numéros du compte et du budget auxquels lesdites décisions se rapportent; elles seront numérotées.

Art. 232. Les comptes ne seront pas jugés en séance publique. La décision sera rendue après délibération en la chambre du Conseil, suivant la forme établie ci-dessus (2).

La minute de l'arrêté est rédigée par le conseiller-rapporteur. Après la décision, elle sera signée par le Président de la séance, le conseiller-rapporteur et le secrétaire-greffier (2).

Il est fait mention de la décision sur la minute du compte par le secrétaire-greffier, qui y indiquera, en même temps, s'il y a ou s'il n'y a pas eu d'injonctions (2).

Art. 233. Les expéditions en forme de grosses-exécutoires des arrêtés des Conseils de Préfecture, faisant titre pour la commune contre le receveur municipal, porteront le même intitulé que les lois et seront terminées par le mandement aux officiers de justice, conformément au décret du 2 décembre 1852 (3).

---

(1) Voir la note 1 de la page précédente.

(2) Loi 21 juin 1865, art. 10. — Loi 16 septembre 1807, art. 21. — Déc. 28 septembre 1807, art. 30, 31, 32 et 33. — Déc. 31 mai 1862, art. 415, 416 et 418.

(3) Déc. 28 septembre 1807, art. 51.—Ord. 28 décembre 1830, art. 1 à 5.

Elles seront délivrées gratuitement et sur papier libre par le secrétaire-greffier, et adressées aux maires des communes par le Préfet dans les quinze jours qui suivront leur date; elles seront déposées et conservées aux archives de la mairie (1).

Art. 234. La notification des arrêtés au comptable sera faite par le receveur des finances, dans le même délai de quinze jours (2). A cet effet, une expédition simple, certifiée conforme à la grosse-exécutoire, et rendue authentique par la signature du Secrétaire général de la Préfecture ou d'un conseiller de Préfecture délégué, sera délivrée aussi gratuitement et sur papier libre par le secrétaire-greffier, et transmise au receveur des finances (3).

— Déc. 31 mai 1862, art. 431 à 435 et 544, § 4. — Loi 3 brumaire an VIII, art. 16, n° 1. — Voir l'art. 164 ci-dessus.

(1) Voir la note 3 de la page précédente.

(2) Loi 18 juillet 1837, art. 67. — Déc. 31 mai 1862, art. 531, 532 et 544, § 4. — Déc. 27 janvier 1866, art. 5.

(3) Il importe de distinguer entre l'expédition délivrée en forme de grosse-exécutoire et la simple expédition délivrée pour notification. — La première, en effet, fait titre pour la commune non-seulement contre le receveur municipal ou ses héritiers, mais encore contre le receveur des finances qui est responsable de la gestion de ce comptable; l'autre, au contraire, est destinée à être notifiée au receveur municipal, afin de faire courir le délai d'appel qui lui est ouvert contre la décision.

Il est évident que la grosse-exécutoire ne saurait être adressée au receveur des finances, puisque c'est un titre contre lui, à raison de sa responsabilité, en même temps que contre le receveur municipal. D'après la même considération, il ne saurait être chargé non plus de la notifier au maire, car une telle marche serait contraire aux rapports administratifs de ces deux fonctionnaires entre eux.

D'autre part, c'est au maire seul qu'il appartient, comme exerçant les actions de la commune, de faire poursuivre au besoin, par toutes les voies de droit, l'exécution de l'arrêté qui aurait déclaré le comptable reliquataire,

Deux récépissés de la notification seront donnés par le comptable : l'un au receveur des finances qui le fera parvenir au greffe du Conseil de Préfecture pour être joint au dossier du compte, l'autre sera remis au maire à l'effet de déterminer, dans l'intérêt de la commune, le délai

---

et en débet de sommes plus ou moins élevées. Lui seul a qualité, en vertu de ladite grosse-exécutoire, soit pour faire prendre hypothèque sur les biens du comptable, soit pour provoquer les saisies-arrêts, les saisies-exécution et toutes autres mesures de droit, tant contre le comptable-débiteur ou contre ses héritiers en cas de décès, que contre le receveur des finances du chef de la responsabilité qui lui incombe. Voilà, suivant nous, le droit en cette matière, et s'il en est rarement fait usage, parce qu'en cas de déficit ou de débet le receveur des finances en fait verser ou verse lui-même le montant dans la caisse municipale, le principe reste entier et ne permet pas que la grosse-exécutoire de l'arrêté d'apurement soit remise au receveur des finances.

C'est donc à tort que l'art. 5 du décret du 27 janvier 1866 n'a pas établi nettement cette distinction. Il est vrai qu'il parle seulement des notifications à faire aux justiciables de la Cour des Comptes et du Conseil de Préfecture, c'est-à-dire aux comptables ; mais il laisse subsister un doute sur ce qui reste désormais applicable dans les dispositions de l'ordonnance du 30 décembre 1830, et dans les art. 431 à 435 et 544, § 4 du décret du 31 mai 1862, qui ont réglé les notifications à faire tant aux maires qu'aux comptables et au receveur des finances. Le motif de l'innovation introduite par le décret de 1866 est qu'il est très-important que le receveur des finances, responsable des débets des receveurs municipaux, soit informé des arrêtés d'apurement et puisse, dans son intérêt, veiller à ce que ce comptable les exécute. Dans le système de l'ordonnance du 30 décembre 1830 et des art. 531 à 535 du decret du 31 mai 1862, la notification était faite par le maire au comptable, on a pensé que le receveur des finances pouvait n'avoir aucune connaissance de la décision. Mais c'est là une erreur, car l'art. 544, § 4 du même décret dit expressément que des copies des arrêtés seront adressées par les Préfets aux receveurs des finances, afin que ceux-ci puissent exercer leur surveillance et tenir la main à l'exécution des décisions. L'instruction générale du Ministre des finances, du

d'appel ouvert au comptable contre la décision rendue (1).

L'art. 5 du décret du 27 janvier 1866 est abrogé en ce qu'il a de contraire au présent article pour les arrêtés des Conseils de Préfecture (1).

Art. 235. Si dans le délai d'un mois, à partir de la réception de la grosse-exécutoire, le maire n'a pas reçu du comptable le récépissé de la notification faite par le receveur des finances, il pourra requérir, en vertu de ladite grosse dont il est porteur, qu'il en soit fait notification au receveur municipal par exploit d'huissier aux frais dudit comptable, pour faire courir le délai d'appel. (2)

L'original de l'exploit sera annexé à la grosse et déposé aux archives de la mairie (2).

Art. 236. Dans les trois jours de la notification de l'arrêté portant jugement du compte, le receveur municipal sera tenu, nonobstant demande en révision, appel ou pourvoi, de verser de ses deniers à la caisse municipale, en capital et intérêts, le montant des sommes résultant soit des forcements de recette, soit des rejets de

---

20 juin 1859 (art. 1386, n° 5, 1305, § 1er et 1559, § 8) prescrit de même la notification aux receveurs des finances en vertu de l'art. 496, § 3 de l'ordonnance du 31 mai 1838. Il en résulte une véritable confusion qu'il importe de faire cesser. De là, à notre avis, la nécessité de poser nettement la distinction que nous venons d'indiquer, en faisant transmettre au maire, par le Préfet, la grosse-exécutoire et en maintenant l'envoi au receveur des finances de l'expédition simple destinée à être notifiée au comptable.

(1) Même note que ci-dessus.

(2) Déc. 31 mai 1862, art. 531 à 535 et 544, § 4.

dépense, prononcés et mis à sa charge par le Conseil de Préfecture (1).

Lorsque l'arrêté aura prononcé des injonctions, pour la production de pièces ou de justifications, elles devront être exécutées dans le délai de deux mois, à partir du jour de la notification de l'arrêté. Les pièces, justifications et explications destinées à y satisfaire, seront adressées ou déposées au greffe du Conseil. Le comptable y joindra un état présentant dans des colonnes distinctes : 1° la copie textuelle des injonctions ; 2° ses réponses et explications et l'indication des pièces produites (1).

Les pièces et l'état en double expédition seront préalablement soumis au Conseil municipal, qui en délibérera, et au receveur des finances, qui exprimera son avis ou visera l'état (1).

Il sera statué par le Conseil de Préfecture sur lesdites productions, conformément aux art. 225, 229 et 230 du présent décret, et les injonctions étant levées ou maintenues, le comptable en sera déclaré libéré ou sera constitué en débet. Dans ce cas, il devra faire le versement du montant du débet, comme il est dit au paragraphe 1er (1).

ART. 237. L'exécution des arrêtés sera poursuivie administrativement contre le comptable, par le receveur des finances, qui pourra demander, s'il y a lieu, l'application du cautionnement au débet résultant de l'apure-

---

(1) Instr. génér. des fin. 20 juin 1859, art. 1560. — Il importe d'édicter à titre d'obligation légale, dans le décret réglementaire, la mesure qui est seulement prescrite par une simple instruction du Ministre.

ment du compte, jusqu'à due concurrence, conformément à l'art. 546, § 2, du décret du 31 mai 1862 (1).

L'exécution par la voie des poursuites judiciaires, soit sur les biens du comptable en débet ou de ses héritiers, soit sur les biens du receveur des finances, dans les cas où il est responsable pour le receveur municipal, aura lieu à la requête du maire et en vertu de la grosse-exécutoire (1).

Si plusieurs communes sont intéressées dans la gestion du même comptable et ont à exercer contre lui des poursuites, pour le payement des débets résultant de l'apurement de leurs comptes, les maires devront se réunir pour charger un seul avoué de les suivre collectivement en leur nom. En cas de désaccord entre eux, sur le choix de l'officier ministériel, il sera statué par le Préfet (1).

---

(1) Ord. 24 mai 1825, art. 6. — Ord. 6 juin 1830, art. 10. — Loi 18 juillet 1837, art. 67. — Déc. 31 mai 1862, art. 543 à 547. — Inst. génér. des fin. 20 juin 1859, art. 1285, 1286, 1313 à 1316, 1385, 1561 à 1564. — La distinction que nous avons faite dans la note sur l'art. 234, entre la grosse-exécutoire délivrée au maire et l'expédition délivrée au receveur des finances, doit avoir aussi son application quand il s'agit de l'exécution de l'arrêté portant jugement du compte. Les premières mesures d'exécution contre le comptable sont naturellement les mesures administratives, et dès lors il appartient au receveur des finances d'y pourvoir d'office tant par la nature de ses fonctions et l'autorité qu'il exerce sur le comptable, qu'en raison de la responsabilité qui lui incombe. — Mais s'il y a lieu d'exercer des poursuites judiciaires, on ne peut plus agir qu'en vertu de la grosse-exécutoire qui est aux mains du maire, et comme aucune action ne saurait être poursuivie au nom d'une commune que par le maire ou à sa requête, il en résulte que le receveur des finances n'est plus en droit d'agir directement, à moins de verser lui-même le montant du débet du comptable et d'acquérir ainsi par voie de subrogation, en vertu des art. 1251,

ART. 238. Lorsque le receveur des finances aura couvert avec ses fonds personnels le montant du débet ré-

---

n° 3, et 2029, Code Nap., les droits et actions de la commune. Dans ce cas, en poursuivant le comptable, c'est un recours qu'il exerce en son nom (comme la caution qui a payé une dette dont elle était tenue à défaut du débiteur), et non une action directe et d'office qu'il n'a pas le droit d'exercer du chef de la commune.

Cette distinction est importante, car l'Instruction générale du 20 juin 1859 semble avoir tracé une autre règle pour l'exécution des arrêtés des Conseils de Préfecture, et avoir attribué aux receveurs des finances une action directe par voie de contrainte contre le comptable (art. 1313, 1315, 1385, 1563, § 2). — A ce sujet, nous ferons remarquer qu'une telle interprétation, quoique généralement admise, donnerait aux dispositions dont il s'agit une valeur juridique et une portée qu'elles n'ont pas, et que contredisent d'ailleurs d'autres dispositions.

La règle indiquée par l'Instruction générale pour le recouvrement des débets contre les comptables est fondée, suivant les art. 1313, 1314 et 1315, 1° sur ce que les receveurs des finances ont le droit d'exercer par voie de subrogation aux droits et actions du Trésor et des communes, un recours sur le cautionnement et les biens des comptables ; et 2° sur ce que les fonds des communes étant des deniers publics, les receveurs municipaux chargés de leur manutention, sont soumis, en vertu de l'arrêté du Gouvernement du 29 vendémiaire an XII, aux dispositions de l'arrêté du 16 messidor an VIII. De là l'Instruction générale fait découler, pour le receveur des finances, le droit d'exercer, contre le receveur municipal en débet, une contrainte qui est exécutoire par toutes les voies de droit sur le simple visa du juge de paix, et qui emporte hypothèque moyennant l'inscription. Elle fait ainsi (art. 1314) application des art. 30 et 33 de l'arrêté du 16 thermidor an VIII.

Il convient d'observer que les dispositions de l'arrêté de l'an VIII ont été faites pour une situation toute autre que celle qui nous occupe ; qu'à cette époque, et en vertu du même arrêté, le recouvrement des contributions directes sur les contribuables était mis en adjudication, et que l'adjudicataire-percepteur était considéré lui-même, vis-à-vis du Trésor, comme un redevable auquel étaient applicables les lois rendues pour le recouvrement des impôts. — En admettant que le receveur des finances ait conservé le même droit de contrainte directe contre le comptable, malgré le changement du

sultant de l'apurement du compte, il sera subrogé aux droits et actions de la commune contre le comptable, et il pourra les exercer directement, par toutes les voies de droit (1).

La grosse-exécutoire lui sera communiquée à cet effet, après que le maire y aura consigné la déclaration, portant que le montant du débet a été couvert par le receveur des finances.

Art. 239. Les arrêtés d'apurement peuvent être attaqués : 1° par le pourvoi en appel devant la Cour des Comptes ; 2° par la demande en révision devant le Con-

---

régime pour le recouvrement des impôts et le changement des rapports entre les deux comptables, en admettant que la subrogation aux droits et actions de la commune lui soit acquise de plein droit, il est évident que cette subrogation et cette contrainte directe constituent seulement un recours, et dès lors ne peuvent avoir lieu qu'après que le receveur des finances a payé lui-même pour le comptable, et au même titre qu'en droit civil la caution qui a payé pour le débiteur principal exerce les droits du créancier. On comprend qu'ayant alors désintéressé la commune, il n'a plus besoin de l'intervention du maire pour exercer son recours ; mais s'il n'a pas payé pour le comptable en débet, si la poursuite doit avoir lieu au nom de la commune et à ses risques, le receveur des finances ne saurait agir pour elle.

En combinant l'art. 237 avec l'art. 238 du projet de décret, on voit quelle part revient, soit au receveur des finances, soit au maire dans l'exécution des arrêtés portant jugement d'un compte. Au receveur des finances les mesures administratives et le recours direct, quand il a payé pour le comptable ; au maire la poursuite judiciaire en vertu de la grosse-exécutoire, tant contre le comptable ou ses héritiers que contre le receveur des finances lui-même, à défaut du receveur municipal, et par toutes les voies de droit autorisées pour l'exécution des décisions rendues par les tribunaux ordinaires.

(1) C. Nap., art. 1249, 1251, n° 3, et 2029. — Voir aussi la note sur l'article précédent.

seil de Préfecture. Ces recours ne sont pas suspensifs.

Dans les trois mois de la notification dont la date sera fixée pour la commune par la réception de la grosse, et pour le comptable par le récépissé ou, à défaut, par l'exploit d'huissier, la partie qui veut se pourvoir rédige sa requête en double original. L'un des doubles est remis à la partie adverse qui en donne récépissé; si elle refuse ou si elle est absente, la signification est faite par huissier (1).

L'appelant adresse l'original sur papier timbré à la Cour des Comptes, et y joint l'expédition de l'arrêté qui lui a été notifié. Ces pièces doivent parvenir à la Cour, au plus tard, dans le mois qui suit l'expiration du délai de l'appel (1).

ART. 240. Le Conseil de Préfecture, nonobstant l'arrêté qui aurait jugé définitivement un compte, peut procéder à sa révision, soit sur la demande du comptable ou du maire pour la commune, appuyée de pièces justificatives recouvrées depuis l'arrêté, ou dans le cas d'une comptabilité occulte reconnue dont le résultat modifierait les comptes apurés, soit d'office, soit à la réquisition du commissaire du Gouvernement ou du Préfet, pour erreurs, omissions, doubles ou faux emplois reconnus par la vérification d'autres comptes (2).

---

(1) Déc. 31 mai 1862, art. 535. — Instr. gén. des fin. 20 juin 1859, art. 1565, 1566, 1567 et 1574. — Les règles à suivre sur la requête en appel appartiennent à la procédure devant la Cour des Comptes, et ne peuvent être rappelées dans le décret. Mais il a paru utile d'y insérer les formes de ce recours contre les décisions des Conseils de Préfecture.

(2) Déc. 31 mai 1862, art. 420, 433, 536, 537 et 538. — Instr. gén. des fin. 20 juin 1859, art. 1570 à 1575.

Les demandes en révision seront soumises aux règles tracées dans l'article précédent pour les appels, en ce qui concerne la notification de la demande à la partie adverse (1).

Le Conseil rendra deux arrêtés : l'un statuant sur l'admission de la demande en révision et fixant un délai de deux mois pour la production des pièces à l'appui; l'autre sur le fond après examen des pièces produites, ou faute de production suffisante soit de la part du demandeur en révision, soit de la part du défendeur. Aucune opposition ne sera admise contre ladite décision (1).

Si la révision d'un compte est ordonnée d'office par le Conseil d'après les faits découverts dans le jugement d'un autre compte, l'instance en révision sera suivie, à l'égard du comptable, par le commissaire du Gouvernement (2).

ART. 241. Le Conseil prononce sur les demandes en mainlevée, en réduction et en translation d'hypothèques formées par les comptables encore en exercice, ou par ceux hors d'exercice dont les comptes ne sont pas définitivement apurés, en exigeant les sûretés suffisantes pour la conservation des droits de la commune (3).

ART. 242. Si dans l'examen des comptes le Conseil trouve des faux ou des concussions, il en est rendu compte au Préfet par un rapport spécial signé comme les arrêtés, pour en faire poursuivre les auteurs devant les tribunaux

---

(1) Voir la note 2 de la page précédente.

(2) Déc. 31 mai 1862, art. 392.

(3) Déc. 31 mai 1862, art. 421, 393 et 433.

compétents. Les pièces et documents y seront joints avec un bordereau, après avoir été visés *ne varietur* (1).

ART. 243. Dans les cas prévus aux trois articles précédents, le commissaire du Gouvernement sera appelé en la chambre du Conseil et entendu en ses conclusions avant qu'il y soit statué, à peine de nullité (2).

ART. 244. Le Conseil ne peut, en aucun cas, s'attribuer de juridiction sur les ordonnateurs, ni refuser aux receveurs municipaux l'allocation des payements par eux faits sur des ordonnances revêtues des formalités prescrites et accompagnées de pièces déterminées par les lois et règlements (3).

ART. 245. Les comptes des receveurs des hospices, des autres établissements de bienfaisance, des associations syndicales et des écoles normales primaires, dont le jugement est déféré aux Conseils de Préfecture, seront présentés, vérifiés, apurés et jugés suivant les règles établies dans les articles précédents (4). Il en sera de même pour l'exécution des arrêtés et pour les recours.

§ 3. — *Comptabilités occultes.*

ART. 246. Lorsqu'il se révélera une comptabilité occulte, c'est-à-dire contraire aux règlements qui en con-

(1) Déc. 31 mai 1862, art. 422, 394 et 433.

(2) Déc. 31 mai 1862, art. 392, 393, 394, 395 et 433.

(3) Déc. 31 mai 1862, art. 426 et 433.

(4) Déc. 31 mai 1862, art. 427. — Déc. 27 janvier 1866, art. 1er et 7. — Instr. gén. des finances 20 juin 1859, art. 636, 637 et 1575.

fient les opérations aux receveurs ou trésoriers établis par la loi, il sera procédé de la manière suivante : (1)

---

(1) Loi 18 juillet 1837, art. 64. — Déc. 31 mai 1862, art. 25. — Instr. gén. des fin. 20 juin 1859, art. 812. — Les règles et les formes tracées dans le § 3 sont celles qui ont été observées pour l'instruction et le jugement d'une comptabilité occulte constatée dans une commune de la Haute-Saône, et que nous avons déférée au Conseil de Préfecture quand nous étions Préfet de ce département. Elles ont été également observées pour une comptabilité occulte dont le Conseil de Préfecture de la Seine est actuellement saisi.

En cette matière, une première question se présente : à qui appartiendra l'initiative de l'instance en reddition de compte contre le comptable occulte? — Pour le droit du Préfet, aucun doute ne peut s'élever. De même qu'il appartient à l'autorité administrative de nommer les comptables légaux, de même il appartient au Préfet, chargé d'exercer l'action administrative, de déclarer comptable de fait un particulier qui s'est immiscé dans le maniement de deniers publics, d'ordonner et faire faire à cet effet toutes enquêtes et toutes recherches pour en rassembler les preuves, et enfin de le déférer au Conseil de Préfecture pour le contraindre à rendre son compte.

Si le particulier, ainsi déclaré comptable par arrêté préfectoral, conteste les faits allégués ou les conséquences qu'on en tire contre lui, il pourra attaquer la décision, soutenir qu'il n'est pas l'auteur des faits de comptabilité occulte qui lui sont reprochés, ou que les faits n'ont pas le caractère d'un maniement de deniers publics. Il y a là les éléments et le nœud d'un débat contentieux sur lequel le Conseil de Préfecture prononce en premier ressort, sauf appel devant la Cour des Comptes soit de la part du particulier, soit de la part du Préfet. Ce premier point jugé, alors s'ouvre la procédure sur la reddition du compte.

Au contraire, lorsque la comptabilité occulte a été déclarée d'office par le juge du compte, comme l'a plusieurs fois décidé la Cour des Comptes, diverses difficultés peuvent s'élever. La première, c'est que le particulier qui est déclaré d'office comptable occulte, sans qu'aucune instance ait été dirigée et ait pu être dirigée contre lui, puisqu'il n'est pas encore justiciable du Conseil de Préfecture, a incontestablement le droit de former tierce opposition contre l'arrêté qui préjudicie gravement à ses droits en le réputant comptable, et lors duquel il n'a été ni partie en cause ni appelé à

Un arrêté du Préfet, statuant sur les documents recueillis, déclarera comptable de fait la personne qui s'est immiscée indûment dans les opérations de recettes et de dépenses ayant un caractère administratif, et il ordonnera, s'il y a lieu, une enquête soit pour rechercher tous autres faits de comptabilité occulte qui n'auraient pas été signalés, soit pour rechercher les circonstances et preuves de ceux qui sont indiqués (1).

Cet arrêté sera notifié à la partie intéressée, au maire de la commune, au receveur municipal, et au Conseil de Préfecture comme demande en révision des comptes auxquels ladite comptabilité se rapporte.

Art. 247. L'arrêté préfectoral impartira au comptable de fait un délai pour présenter son compte devant le Conseil de Préfecture, dans la forme et avec les justifications prescrites aux comptables légaux (1).

Un recours est ouvert à la partie intéressée contre cet arrêté devant le Conseil de Préfecture. Il sera formé par

---

aucun titre. Une autre difficulté résulte de ce que l'action en reddition de compte pouvant donner lieu à des recherches pour recueillir les faits et leur preuve, à des contestations dont il est nécessaire de faire contrôler l'exactitude pour les discuter et les combattre, en un mot, à une procédure contentieuse active, le juge du compte ne saurait se constituer d'office l'adversaire du comptable et devenir ainsi partie dans la cause. Il faut donc, dans ce cas, que l'instance soit dirigée à la requête du commissaire du Gouvernement, et qu'en ordonnant d'office que tel particulier sera tenu de rendre compte d'une comptabilité occulte, le Conseil puisse mettre en mouvement pour cette instance le commissaire du Gouvernement. C'est une procédure analogue à celle en révision de compte ordonnée d'office (Déc. 31 mai 1862, art. 392).

Il est pourvu par l'art. 253 à ces diverses difficultés.

(1) Voir la note 1 de la page 143.

requête en double exemplaire sur papier libre, déposée au greffe dans le délai d'un mois à partir de la notification. Le recours n'est pas suspensif et ne fera pas obstacle au cours de l'enquête.

ART. 248. Sur ce recours, qui sera communiqué au conseil municipal, ou après l'enquête dont les documents lui seront soumis, le Conseil de Préfecture décidera par un premier arrêté, rendu en séance publique et après débats oraux, si les faits de comptabilité sont suffisamment établis et s'ils constituent la comptabilité occulte. Dans ce cas, l'arrêté ordonnera qu'il soit pris hypothèque sur les biens du comptable de fait ou qu'il fournisse des sûretés convenables pour la garantie des intérêts de la commune [1].

Un nouveau délai pour la présentation du compte,

---

(1) Loi 18 juillet 1837, art. 68. — Déc. 31 mai 1862, art. 25, 29, 420, 433 et 536. — L'instance sur une comptabilité occulte emporte implicitement une révision du compte du comptable légal qui aurait dû faire les opérations dans lesquelles le comptable occulte s'est indûment immiscé. Elle doit donc, à un double titre, donner lieu, comme dans les cas de révision (art. 420 et 536 du décret de 1862), à deux arrêtés, l'un sur l'admission de la comptabilité occulte, l'autre sur le fond. Le premier débat étant un débat sur les faits qui auraient constitué une immixtion dans le maniement de deniers publics, d'où l'administration entend faire résulter la comptabilité occulte, et non un apurement de comptes, c'est à l'audience publique et après débats oraux, si le particulier poursuivi demande à présenter des observations, que l'affaire devrait être portée et jugée. Il en est autrement pour le second arrêté, qui a pour objet l'apurement du compte du comptable occulte ; il doit être délibéré et rendu en la chambre du Conseil comme ceux concernant les comptes réguliers.

C'est en vertu du premier arrêté que sont prises, sur les biens du particulier déclaré comptable de fait, les hypothèques qu'autorise l'art. 29 du décret du 31 mai 1862.

avec les pièces justificatives, pourra être accordé s'il y a lieu.

Art. 249. A l'expiration du délai imparti, si le comptable de fait n'a pas présenté son compte dûment établi avec pièces à l'appui et en état d'examen, il pourra être condamné aux amendes édictées contre les comptables légaux en retard, et à toutes les mesures de coercition auxquelles ils sont soumis (1).

Le Conseil pourra notamment commettre un comptable pour dresser d'office le compte sur les documents qui seront fournis, et il sera statué en l'état du compte ainsi établi aux risques et périls du comptable occulte renitent (1).

Art. 250. Si le compte doit comprendre des opérations faites durant plusieurs années, il sera divisé en autant de parties qu'il y aura de gestions dont les comptes apurés doivent être modifiés par les résultats de cette comptabilité (2).

Le compte sera dressé en double expédition, dont une (servant d'original) sur papier timbré et déposée au greffe avec les pièces justificatives dont il sera fait un bordereau et qui seront numérotées. L'un des exemplaires sera

---

(1) Déc. 31 mai 1862, art. 25, 27 et 28. — Suivant l'art. 25, les comptabilités occultes sont soumises aux mêmes juridictions et aux mêmes règles que les gestions patentes et régulièrement décrites.

(2) Cette disposition est fondée sur ce que l'apurement d'une comptabilité occulte constitue implicitement une révision des comptes réguliers qui ont été apurés antérieurement, puisqu'il a pour conséquence d'en modifier les résultats. Ce n'est d'ailleurs qu'une forme pour ordre, car il doit être statué par un seul jugement sur toute la période d'années qu'embrasse la comptabilité occulte soumise à la juridiction du Conseil de Préfecture.

adressé, avec les pièces justificatives, au maire de la commune pour que le conseil municipal délibère : 1° sur le caractère des opérations au point de vue de l'intérêt que la commune a pu retirer des dépenses faites; 2° sur le montant des sommes inscrites en recettes et en dépenses; 3° sur les injonctions, mesures de garantie et condamnations à demander contre le comptable (1).

La délibération du conseil municipal, dûment approuvée, sera remise au greffe en double exemplaire avec les pièces communiquées. L'un des exemplaires sera communiqué administrativement au comptable, qui pourra y répondre dans le délai de quinze jours.

ART. 251. Lorsque l'utilité communale d'une dépense sera contestée par le conseil municipal, ou lorsque le caractère qui peut seul la faire admettre ne paraît pas suffisamment établi, l'article en litige sera renvoyé devant l'autorité administrative compétente, pour faire décider si elle était de nature à être inscrite au budget comme obligatoire ou si elle était purement facultative (2).

Il sera ensuite statué par le Conseil de Préfecture suivant cette distinction, comme s'il s'agissait de dépenses budgétaires.

---

(1) Loi du 18 juillet 1837, art. 19, 20, 23 et 66. — Déc. 31 mai 1862, art. 25. — Inst. gén. des fin. 20 juin 1859, art. 636, 637 et 812. — Le Conseil doit délibérer à la fois et sur l'intérêt communal de chaque article du compte au point de vue budgétaire, et sur l'admission de l'article en recette ou en dépense, sauf approbation préfectorale dans les cas où elle est requise. En un mot, il doit être procédé rétroactivement comme pour l'ouverture d'un crédit et pour son emploi.

(2) Inst. gén. des fin. 20 juin 1859, art. 812, § 2.

Peut néanmoins le Conseil, à défaut de justifications suffisantes, lorsqu'aucune infidélité ne sera révélée à la charge du comptable, suppléer par des considérations d'équité à l'insuffisance des justifications produites (1).

Art. 252. Si le comptable décède avant le jugement du compte, l'instruction sera interrompue et ne recommencera qu'après la reprise d'instance faite par ses héritiers, ou après qu'ils auront été dûment mis en demeure de la reprendre sur la requête du maire au nom de la commune (2).

Dans le cas où, le comptable étant mort, l'action est dirigée contre les héritiers, ceux-ci seront tenus de faire élection de domicile au chef-lieu du département, et de désigner l'un d'eux pour suivre sur la demande en reddition et en jugement du compte.

Art. 253. Lorsqu'en procédant à la vérification d'un compte le Conseil de Préfecture reconnaîtra une comptabilité occulte, il pourra, soit ordonner qu'à la requête du commissaire du Gouvernement il sera procédé à la vérification des faits et à la recherche des preuves établissant ladite comptabilité, soit déclarer d'office l'exis-

---

(1) Déc. 31 mai 1862, art. 25. — En cas de contestations entre le comptable occulte et le conseil municipal sur l'utilité communale de la dépense, c'est à l'autorité administrative qu'il appartient naturellement de prononcer. — Quant à l'insuffisance des justifications produites, l'art. 25 du décret du 31 mai 1862 fournit un moyen de solution équitable. Il est évident que, s'agissant d'une comptabilité irrégulière et occulte, le comptable est le plus souvent dans l'impossibilité de produire toutes les pièces justificatives prescrites par les règlements. Il y aura donc lieu d'y suppléer d'après la bonne foi qui résultera de l'ensemble des opérations du comptable occulte.

(2) Déc. 31 mai 1862, art. 26.

tence de la comptabilité occulte si les faits lui paraissent suffisamment établis, et ordonner qu'à la requête du commissaire du Gouvernement, l'auteur de l'indu maniement de deniers publics sera tenu de rendre son compte [1].

L'arrêté déclarant d'office la comptabilité occulte sera notifié par le commissaire du Gouvernement, comme l'arrêté ordonnant d'office une révision de compte, au particulier présumé comptable de fait, au maire de la commune et au receveur municipal [1].

Dans le délai d'un mois, le particulier présumé comptable de fait pourra former tierce-opposition audit arrêté par une requête déposée au greffe avec les pièces justificatives. Il y fera connaître les moyens sur lesquels il s'appuie pour soutenir, soit qu'il n'est pas l'auteur des faits qui lui sont imputés, soit que ces faits ne constituent pas une comptabilité occulte dont il ait à rendre compte devant le Conseil de Préfecture. Cette requête sera notifiée au maire de la commune et au receveur municipal.

Dans le délai d'un mois, à partir du dépôt de la requête en tierce-opposition, il y sera répondu par le conseil municipal et par le commissaire du Gouvernement.

Il sera ensuite statué par le Conseil en audience pu-

---

(1) Voir la note sur l'art. 246. — La mise en mouvement du commissaire du Gouvernement, pour l'instance en reddition de compte ordonnée d'office, est tirée par analogie de l'art. 392 du décret du 31 mai 1862, d'après lequel le procureur général près la Cour des Comptes doit suivre l'instruction et le jugement des instances en révision de comptes.

blique sur ladite tierce-opposition, conformément à l'art. 248 (1).

Art. 254. Il sera procédé, pour les comptes présentés par les comptables de fait, à la vérification, à l'instruction, au jugement, à l'exécution des arrêtés et aux recours dans les formes prescrites par le présent chapitre pour les comptables légaux.

Lorsque le compte se rapporte à plusieurs gestions, l'arrêté prononcera la rectification pour ordre des résultats de chaque compte antérieurement jugé ; mais le résultat total, en recette et en dépense, sera rattaché par la décision à la gestion du dernier compte jugé (1).

Le receveur municipal à qui la décision sera notifiée en tiendra état dans ses écritures et dans le compte à rendre pour la gestion suivante (2).

Le recouvrement des sommes dues en vertu de l'arrêté d'apurement sera poursuivi par le maire à la diligence du receveur municipal.

---

(1) Voir la note de la page précédente.

(2) Voir ci-dessus les art. 248 et 250 et les notes.

TITRE IV.

Des Dépens.

CHAPITRE Ier.

DE LA LIQUIDATION DES DÉPENS.

ART. 255. Toute partie qui succombera sera condamnée aux dépens faits dans l'instruction devant le Conseil de Préfecture (1).

Les frais d'expertise, d'enquête ou de tout autre acte d'instruction, seront compris dans les dépens.

Pourront néanmoins les dépens être compensés en tout ou en partie si les parties succombent sur quelques chefs (1).

ART. 256. Si, au cours de l'instance, l'une des parties a fait à l'autre, suivant les art. 102 et 103, des offres de payement ou de solution du procès qui n'ont pas été acceptées, et qu'après l'instruction lesdites offres contestées soient jugées suffisantes et admises, la partie qui les aura refusées sera condamnée aux dépens faits depuis le jour des offres (2).

---

(1) C. Proc., art. 130 et 131.

(2) C. Proc., art. 524 et 525.

Art. 257. La liquidation des dépens sera faite par l'arrêté qui les aura adjugés.

A cet effet, la partie qui aura obtenu la condamnation remettra au secrétaire-greffier, dans le jour ou le lendemain au plus tard, l'état des dépens adjugés. La liquidation en sera insérée dans le dispositif de l'arrêté (1).

Art. 258. Si l'état des dépens n'est pas remis dans ce délai, la liquidation sera faite ultérieurement par un arrêté spécial de taxe rendu par le Président dans la forme des arrêtés du Conseil de Préfecture, lequel sera expédié de la même manière et aura la même force exécutoire (2).

Art. 259. La taxe de l'état des dépens sera préparée par le secrétaire-greffier suivant le tarif ; elle sera vérifiée et visée par le rapporteur, puis signée, comme l'arrêté dont elle dépend, par le Président, le rapporteur et le greffier. L'état ainsi taxé demeurera annexé au dossier (3).

Lorsque le montant de la taxe, dûment liquidée, n'aura pas été compris dans l'expédition de l'arrêté, il en sera délivré exécutoire par le Président sous la forme d'un arrêté spécial de taxe (3).

Les mêmes règles seront observées lorsque la partie, ayant tardivement remis l'état des dépens, il y aura lieu à la liquidation par un arrêté spécial du Président.

Art. 260. La taxe des dépens, soit qu'elle soit insérée dans l'arrêté statuant au fond, soit qu'elle soit l'objet

(1) C. Proc., art. 543 et 544. — 2e déc. 16 février 1807, art. 1er.

(2) Déc. 18 janvier 1826, art. 3 et 4. — Ord. 31 août 1828, art. 206.

(3) 2e déc. 16 février 1807, art. 4 et 5.

d'un arrêté spécial rendu par le Président, sera considérée comme une décision par défaut tant à l'égard de toutes les parties qu'à l'égard des experts pour leurs frais et honoraires.

Elle sera notifiée comme les arrêtés par défaut à toute partie intéressée. L'opposition sera recevable dans le même délai de huit jours et donnera lieu à la même instruction (1).

Il sera statué sur l'opposition en la chambre du Conseil, après avoir entendu ou appelé les intéressés (1).

Le Président et le rapporteur, qui ont arrêté la taxe d'office et par défaut, participeront à la délibération et au jugement sur l'opposition.

Il n'y aura lieu à pourvoi contre l'arrêté sur l'opposition que pour violation de la loi ou d'une disposition du tarif.

Art. 261. L'État, le département, les communes et les établissements publics qui agissent, soit en demandant, soit en défendant, soit comme parties intervenantes ou comme appelées en garantie, peuvent être condamnées aux dépens (2) ; mais le Ministre, le Préfet, le

---

(1) 2e déc. 16 février 1807, art. 6.— Ord. 18 janvier 1826, art. 5.— Ord. 31 août 1828, art. 206.

(2) Il paraît désormais hors de doute que les départements, les communes et les établissements publics peuvent être condamnés aux dépens dans les procès qu'ils intentent ou qu'ils soutiennent au contentieux devant les Conseils de Préfecture. En effet, si un particulier, ayant éprouvé dans sa propriété un dommage résultant de l'exécution de travaux publics, forme une demande en indemnité, et qu'après une expertise et une tierce-

Maire et les administrateurs qui plaident en leur nom, n'y peuvent être condamnés, à moins qu'ils n'aient agi sans être pourvus des autorisations requises en pareil cas.

---

expertise, son droit soit reconnu, il serait contraire à toute justice de l'obliger à payer les dépens du procès qu'il a gagné, et dont le montant diminuerait d'autant l'indemnité qui lui serait allouée en réparation du dommage. Ajoutons que dans les dépens sont nécessairement compris les frais d'expertise, et par conséquent ceux qui sont dus à l'expert de l'Administration, comme ceux dus à l'expert du particulier. Comment, dès lors, pourrait-on mettre à la charge de celui-ci même les frais de l'expert de l'Administration qui succombe dans ses prétentions? Il est évident que s'il en était ainsi le particulier lésé ne serait intégralement indemnisé du dommage éprouvé qu'autant qu'on élèverait le chiffre de l'indemnité, de manière à comprendre les frais et dépens. Or, dans ce cas, n'est-il pas plus rationnel de mettre les frais et dépens à la charge de l'Administration plutôt que de les lui faire payer indirectement en élevant l'indemnité ?

Le même raisonnement s'applique avec non moins de force à l'État quand un débat s'élève entre lui et un particulier qui réclame des dommages-intérêts pour le préjudice dont il a souffert. Cependant, la jurisprudence du Conseil d'État a longtemps refusé et même refuse encore d'admettre que l'État puisse être condamné aux dépens.

Parmi les raisons invoquées, l'une est tirée de ce que l'Autorité administrative, même lorsqu'elle statue au contentieux, ne juge pas, mais administre encore. D'abord, ce prétendu principe nous paraît fort contestable, car administrer, c'est agir, exécuter, réaliser des actes; tandis que juger au contentieux, c'est prononcer sur un différend entre l'État et un particulier qui prétend qu'un acte de l'Administration a porté atteinte à son droit acquis, et qui en demande la réparation. Mais, quelle que soit la solution de ce point de droit, on ne voit pas comment il en résulterait que le particulier dont la demande a été reconnue fondée, aurait à payer les frais du procès qu'il a gagné, les frais de la justice qu'il a été forcé de demander et qu'il a obtenue.

La seconde raison est que l'État, quand il revendique ou défend les droits de l'Administration, n'est pas une partie dans le sens de l'art. 130 du Code de Procédure civile. Nous ne comprenons pas cette distinction, car, dans un procès ou débat contentieux quelconque, il y a nécessairement

En matière de contributions, il n'y aura pas de condamnation aux dépens contre l'Administration ; mais les frais d'expertise, quand elle a eu lieu, seront mis à sa charge quand la partie a obtenu gain de cause (1).

ART. 262. Les dépens sont considérés comme faisant partie de l'instance et des réparations dues à la partie

---

deux parties : dont l'une soutient que tel droit lui est acquis, et l'autre soutient que le droit n'existe pas ou qu'il n'est pas acquis au demandeur. De quelque manière qu'on envisage un différend qui donne lieu à une décision juridictionnelle, il y a toujours deux parties litigantes, et, dès lors, on ne voit pas pourquoi l'une d'elles devrait seule supporter les dépens, même quand elle obtient gain de cause.

Enfin, la jurisprudence donne encore pour raison, « qu'aucune disposi- « tion de loi, d'ordonnance ou de décret n'autorise à prononcer des dépens « au profit ou à la charge des administrations publiques. » On peut d'abord répondre que si les art. 41 à 43 du décret du 22 juillet 1806, et l'ordonnance spéciale du 18 janvier 1826, qui régissent l'allocation et la liquidation des dépens, ne mentionnent pas expressément l'État, ils ne lui ont pas non plus attribué le privilége exorbitant d'être dispensé des dépens faits pour l'instruction des instances dans lesquelles il succombe. Mais, d'ailleurs, l'objection ne saurait être admise pour le cas présent, où il s'agit précisément d'édicter une disposition ayant force de loi, en vertu de l'article 14 de la loi du 21 juin 1865, pour autoriser désormais la condamnation aux dépens, contre l'État, quand il succombe dans une instance contentieuse devant le Conseil de Préfecture. — Déjà, plusieurs décrets rendus en Conseil d'État ont admis que les frais d'expertise peuvent être mis à la charge de l'État; il y a même raison de décider pour les autres dépens, d'ailleurs fort modiques, auxquels le procès peut donner lieu.

(1) ARR. 28 floréal an VIII, art. 18. — Loi 21 avril 1832, art. 29. — La procédure sur les contributions se fait sans frais, et, dès lors, il n'y a pas lieu de prononcer des dépens à la charge de l'Administration, puisque ceux faits par le réclamant seraient frustratoires ; mais, s'il y a eu expertise, on rentre sous l'application du principe général d'après lequel la partie qui gagne son procès ne peut pas être condamnée à payer les frais de l'expertise qui a été nécessaire pour faire reconnaître son droit.

qui a triomphé; ils seront adjugés d'office, même lorsque les parties n'y auraient pas conclu expressément.

Art. 263. S'il a été omis de statuer sur les dépens, la partie qui y a droit peut demander par requête spéciale au Conseil que l'omission soit réparée; elle y joindra l'état des dépens. Il sera statué en chambre du Conseil sur l'avis du rapporteur de l'instance qui a été jugée, et la taxe sera réglée par l'arrêté à intervenir.

Il sera procédé à l'exécution de cette décision comme pour les arrêtés de taxe rendus par le Président.

Art. 264. Les requêtes et mémoires devant être libellés et présentés respectivement par les parties elles-mêmes, il ne sera alloué aucune taxe pour leur rédaction, non plus que pour l'impression qui en aurait été faite [1]. Mais les copies fournies pour être notifiées administrativement ou par le ministère d'huissier, seront taxées.

Les copies de requêtes et de pièces destinées à être notifiées seront certifiées exactes par la partie qui les présente, à peine de rejet de la taxe, sans préjudice des conséquences de leur inexactitude s'il en est découvert.

Art. 265. Les exploits d'huissier pour les notifications ne seront admis en taxe que dans les cas où cette forme de notification est prescrite par le présent décret. Dans les autres cas, ils seront à la charge de ceux qui les auront fait faire.

Les copies ou expéditions dont il sera fait notification par exploit d'huissier, ne seront pas recopiées dans cet

---

(1) Déc. 22 juillet 1806, art. 44 et 45. — Ord. 31 août 1828, art. 200 et 201.

acte, mais seulement jointes à l'exploit, sous peine de rejet des frais de la nouvelle copie. L'huissier y mettra son visa signé, en indiquant l'exploit de signification et sa date.

ART. 266. Les requêtes et mémoires, ainsi que les copies destinées aux notifications, seront écrits correctement et lisiblement, en demi-grosse seulement. Chaque rôle de deux pages contiendra au moins 50 lignes, et chaque ligne quinze syllabes au moins; sinon chaque rôle où il se trouvera moins de lignes et de syllabes sera rayé en entier dans la supputation de la taxe des copies (1).

Les écritures seront réduites au nombre de rôles qui sera par le taxateur réputé suffisant pour l'instruction de l'instance (1).

Il en sera de même à l'égard des copies de pièces annexées aux requêtes.

ART. 267. Les écritures des parties seront sur papier timbré, à l'exception de celles de l'Etat, dans les cas où il en est dispensé, et de toutes copies de pièces.

Les pièces produites en original ne sont pas soumises aux droits de timbre ou d'enregistrement par le seul fait de leur production dans une instance devant le Conseil. Elles n'y seront assujetties qu'autant que par leur carac-

---

(1) Déc. 22 juillet 1806, art. 45, 46 et 47. — Ord. 18 janvier 1826, art. 1er, n°s 5 et 20. — Ord. 31 août 1828, art. 201, 202 et 203. — Il paraît utile de porter le nombre des syllabes de chaque ligne de 12 à 15 au minimum. L'écriture en est plus correcte et la lecture en est plus facile que quand les lettres sont trop espacées.

tère et d'après les lois sur le timbre et sur l'enregistrement elles y seraient soumises.

Dans ce cas, le Conseil ordonnera qu'elles seront, à la diligence du secrétaire-greffier, communiquées au Directeur de l'Enregistrement pour qu'il leur soit fait, s'il y a lieu, application desdites lois (1).

ART. 268. Néanmoins, la disposition de l'article précédent ne dispense pas les pièces produites devant le Conseil des droits de timbre et d'enregistrement auxquels l'usage qui en serait fait ailleurs pourrait donner ouverture d'après les lois.

Il en sera de même à l'égard des droits d'enregistrement des pièces produites devant le Conseil, qui, par leur nature, sont soumises à l'enregistrement dans un délai fixé (1).

ART. 269. Il ne sera alloué dans la liquidation des dépens aucuns frais de voyage, séjour et retour des témoins, ni aucuns frais d'huissier au delà d'une journée. Il ne sera rien alloué pour frais semblables des parties, même ceux ayant pour objet le dépôt de la requête ou la comparution en personne, soit à l'audience, soit sur les lieux contentieux (2).

---

(1) Déc. 22 juillet 1806, art. 48. — Ord. 31 août 1828, art. 204. — Loi 22 frimaire an VII, art. 47.—Loi 13 brumaire an VII, art. 24. — Loi 25 mars 1817, art. 74 et 75. — Loi 15 mai 1818, art. 78 et 80.

(2) Ord. 18 janvier 1826, art. 2. — Ord. 31 août 1828, art. 205.

CHAPITRE II.

TARIF DES DÉPENS (1).

§ 1er. — *Actes de l'instruction.*

Art. 270. Il sera taxé pour les actes suivants de l'instruction (2) :

1° Les copies (3) de toutes requêtes prescrites par le présent décret et de toutes pièces produites, lorsqu'elles seront reconnues utiles à l'instruction de la cause, par rôle de 25 lignes à la page et de 15 syllabes à la ligne : à Paris, 75 c.; dans les autres départements, 50 c.; en sus, les droits de timbre de la requête-minute déposée au greffe.

2° Les exploits d'huissier pour les notifications des

---

(1) Il conviendrait que le tarif des dépens, qui peut varier et subir des modifications en raison des circonstances, ne fût pas compris dans le décret réglementaire destiné à devenir loi. Il devrait être édicté séparément et pour y être annexé, comme l'a été le décret-tarif du 16 février 1807, après le Code de Procédure.

(2) Ord. 10 janvier 1826, art. 1er et tarif. — Déc. et tarif du 16 février 1807.

(3) Les art. 2 et 16 ont prescrit que toute partie qui présente une requête au Conseil de Préfecture est tenue d'en fournir des copies en nombre égal à celui des personnes à qui la requête doit être notifiée. C'est là une dépense faite pour l'instruction de l'instance, et si l'on n'accorde pas à la partie une rémunération pour l'original de la requête, il paraît juste qu'il en soit alloué une pour les copies.

requêtes ou des arrêtés : taxe des mêmes exploits pour les huissiers près les tribunaux de première instance.

3° Il ne sera passé en taxe aux conseillers, dans les cas de visite des lieux contentieux, que leurs frais de transport et de nourriture sur état. Si la visite des lieux a été demandée par l'une des parties, l'avance des frais auxquels le transport donnera lieu sera fait par elle au greffe.

Si la visite a été ordonnée d'office, l'état des frais, signé du conseiller, sera compris par le secrétaire-greffier dans la liquidation des dépens. Le montant en sera versé entre ses mains par la partie qui poursuivra l'exécutoire des dépens, pour en opérer le remboursement au conseiller qui en aura fait l'avance.

4° Il sera taxé au témoin appelé dans une enquête le prix d'une journée de travail, suivant son état et sa profession, indépendamment des frais de voyage si le témoin est domicilié à plus de 2 myriamètres du lieu où se fait l'enquête.

Le maximum de la taxe des témoins est de 10 fr., et le minimum de 3 fr.

Les frais de voyage sont fixés à 3 fr. par myriamètre pour l'aller et le retour [1].

§ 2. — *Frais d'expertise.*

ART. 271. 1° Il sera taxé aux experts, pour chaque vacation de trois heures, quand ils opéreront dans le lieu

(1) Tarif 16 février 1807, art. 167.

où ils sont domiciliés ou dans la distance de deux myriamètres, savoir : dans le département de la Seine, 8 fr.; dans les autres départements, 6 fr. (1);

2° Au delà de 2 myriamètres, il leur sera alloué, par chaque myriamètre, pour frais de voyage et nourriture, savoir : à ceux de Paris, 6 fr.; à ceux des départements, 5 fr. (1);

3° Il leur sera alloué, pendant leur séjour, à la charge de faire quatre vacations par jour, savoir : à ceux de Paris, 32 fr.; à ceux des départements, 24 fr. ;

NOTA. La taxe sera réduite dans le cas où le nombre de vacations n'aurait pas été employé (2).

4° Il leur sera alloué deux vacations, l'une pour la prestation de serment, l'autre pour le dépôt du rapport.

S'ils sont domiciliés à plus de deux myriamètres de distance, soit du lieu où siége le Conseil, soit du lieu où la prestation de serment doit être reçue, il leur sera alloué, en outre, par chaque myriamètre, pour frais de voyage et nourriture, savoir : à ceux de Paris, 6 fr.; à ceux des départements, 5 fr. (3).

ART. 272. La liquidation des frais et honoraires des experts se fera sur les mémoires produits par les experts ou mis au pied de leur rapport. Si les experts n'ont pas produit leur mémoire, et que l'une des parties demande

---

(1) Tarif 16 février 1807, art. 159, 160 et 161. — Ord. 10 octobre 1841, art. 15.

(2) Tarif 7 février 1807, art. 159, 160 et 161. — Ord. 10 octobre 1841, art. 15.

(3) Tarif 16 février 1807, art. 162. — Ord. 10 octobre 1841, art. 15.

la taxe de l'expertise, elle devra en produire le décompte sur lequel le Président fera la taxe.

Art. 273. Les mémoires de frais et honoraires des experts comprendront, à titre réglementaire, les articles et opérations qui suivent :

1° Prestation de serment; — 2° visite des lieux; — 3° conférence et étude de l'affaire; — 4° rédaction du rapport; — 5° copie du rapport et des pièces jointes; — 6° plans des lieux; — 7° devis des travaux; — 8° dépôt du rapport d'expertise; — 9° frais et déboursés.

Dans le cas où le mémoire de l'expert présenterait une autre division de ses opérations, travaux et frais, la liquidation en serait faite suivant la composition réglementaire déterminée par le paragraphe précédent. A cet effet, le liquidateur réunira ou divisera les divers articles du mémoire pour les rattacher aux opérations réglementaires auxquelles ils appartiennent par leur nature.

Art. 274. La liquidation des mémoires d'expertise sera faite d'après les règles et les considérations suivantes :

1° *Opérations ou frais inutiles.* — Toute opération (copie de pièces, plans, devis de travaux, dépense, voyage, etc.) ne présentant aucune utilité, soit pour l'étude de l'affaire, soit pour l'intelligence du rapport, doit être rejetée de la taxe.

2° *Frais divers.* — Les frais divers, tels que ceux de papier timbré, ports de lettres, achats de documents, seront comptés au prix de revient; tout achat excédant le chiffre de 25 fr. doit être appuyé d'une quittance. Les experts ne peuvent rien réclamer pour s'être fait aider par des écrivains ou par des toiseurs ou porte-chaînes, ni sous quelqu'autre prétexte que ce soit. Ces frais, s'ils ont eu lieu, étant implicitement compris dans la taxe des vacations, resteront à leur charge (1).

3° *Frais de voyage.* — Les frais de voyage seront évalués suivant les prescriptions de l'art. 271 ci-dessus. Néanmoins, il pourra être alloué des frais de voiture pour la visite des lieux, quand le transport se fait à une distance inférieure à deux myriamètres.

4° *Vacations.* — Les vacations pour visite des lieux et étude sur place seront distinguées des vacations au cabinet pour étude de l'affaire, conférences avec les coexperts et avec les parties et rédaction du rapport. Les experts indiqueront, soit dans leur rapport, soit en note dans leur mémoire ou état de frais et honoraires, les jours auxquels ont eu lieu les vacations sur place et leur nombre par jour. Le temps d'aller et retour ne sera pas compris dans celui des vacations.

Il n'est passé aux experts que trois vacations par jour quand ils opéreront dans le lieu de leur résidence, et quatre quand ils opéreront hors de leur résidence (2). Le maximum des vacations par jour sera de quatre.

5° *Prestation de serment et dépôt du rapport.* — Au moyen de la taxe allouée par l'art. 271, n° 4 ci-dessus, les experts ne pourront rien réclamer pour frais de voyage et de nourriture (3).

6° *Visite des lieux.* — Pour les affaires simples dans

---

(1) Tarif 16 février 1807, art. 162, § 2. — Ord. 10 octobre 1841, art. 15, § 7.

(2) Tarif 16 février 1807, art. 151, nos 5 et 161.

(3) Tarif 16 février 1807, art. 162. — Ord. 10 octobre 1841, art. 15.

lesquelles la vérification contradictoire des faits sera facile, on doit admettre une ou deux visites des lieux seulement. Chaque visite compte pour une vacation si elle a duré trois heures, y compris le temps nécessaire pour l'aller et le retour, et pour deux vacations si elle a duré six heures. On y ajoutera, s'il y a lieu, les frais de voiture comptés pour deux courses par visite des lieux, une pour l'aller et une pour le retour.

7° *Étude de l'affaire.* — Les visites de lieux, les relevés sur place, les travaux de plans, le dressement des devis, la rédaction des rapports étant appréciés à part et donnant lieu à autant d'articles spéciaux de la taxe, les vacations pour l'étude de l'affaire ne doivent comprendre que le travail de l'expert en son cabinet et les conférences avec son coexpert, soit pour entendre les parties et recevoir leurs communications, soit pour discuter les documents produits et les avis de chaque expert sur les questions que présente l'affaire (1).

Il sera alloué aux experts, pour l'étude de l'affaire, le même nombre de vacations que pour la rédaction du rapport, plus un tiers en sus.

Si la rédaction du rapport a été développée outre mesure, soit par de longs détails, soit par la prolixité du

---

(1) Les bases d'appréciation pour le nombre des vacations ainsi employées à l'étude de l'affaire varient nécessairement suivant les espèces, les circonstances et les difficultés particulières révélées par l'expertise elle-même. Toutefois, il résulte d'observations nombreuses que l'étude proprement dite d'une affaire comporte, en moyenne, un tiers en plus du temps nécessaire pour la rédaction du rapport, sauf les cas et circonstances exceptionnels constatés dans le rapport des experts ou dans leur mémoire d'honoraires.

texte, le nombre des vacations, pour l'étude de l'affaire, sera réduit dans la proportion de ce qu'aurait donné un rapport plus concis et ne contenant que les détails indispensables.

8° *Rédaction des rapports.* — La rédaction du rapport des experts sera estimée approximativement et en terme moyen comme comportant pour chaque page (25 lignes et 15 syllabes à la ligne) le travail d'environ une heure, soit une vacation pour trois pages, formant un rôle et demi. (1) Si le texte du rapport comprend plus de 25 lignes à la page et plus de 15 syllabes à la ligne, ou s'il en contient moins, l'étendue de la rédaction sera ramenée à la base réglementaire en prenant une moyenne sur plusieurs pages et plusieurs lignes prises au hasard.

Dans les affaires d'une difficulté exceptionnelle, il sera alloué une vacation de trois heures par rôle de deux pages. Il en sera de même pour les affaires simples et ordinaires qui présenteraient un travail d'une difficulté exceptionnelle.

Quand le rapport a été rédigé en commun, c'est-à-dire simultanément et d'accord par les experts, chacun d'eux a droit au nombre des vacations affectées au travail de la rédaction. (2) Quand les avis sont séparés, il est tenu compte à chaque expert, tant du travail pour la rédaction

(1) Les art. 72, 73, 74 et 75 du décret du 16 février 1807, portant tarif des frais en matière civile, n'allouent aux avoués que 2 fr. par rôle pour la rédaction des requêtes dans les instructions par écrit; mais il a paru que la rédaction d'un rapport d'expert, qui doit être concis et en termes techniques, donne lieu à une vacation plus élevée.

(2) Le motif est que chacun y a consacré le même temps.

de son avis particulier que du travail pour la rédaction des parties du rapport rédigées en commun et d'accord.

9° *Mise au net du rapport.* — Pour la mise au net ou copie du rapport, il sera alloué 1 fr. par rôle de deux pages ayant 25 lignes à la page et 15 syllabes à la ligne. (1) Les allocations de mise au net communes aux experts doivent être partagées également entre eux, à moins d'indications spéciales fournies par les mémoires.

10° *Plans.* — Les levée et rapport de plan, description des lieux avec estimation de la propriété, donnent lieu aux allocations suivantes :

Pour tout terrain de 1 à 200 mètres de superficie, construit ou non construit, 5 vacations; pour chaque 100 mètres en sus, une vacation. (Cette vacation supplémentaire sera allouée pour la fraction qui excédera les derniers 100 mètres, à moins que cette fraction ne soit au-dessous de 25 mètres).

Pour les constructions à rez-de-chaussée de 1 à 100 mètres de superficie, 3 vacations; pour chaque 100 mètres en sus, une vacation.

Pour un étage supérieur d'habitation de 1 à 100 mètres, une vacation; pour chaque 100 mètres en sus, une demi-vacation.

Au delà de 100 mètres, il ne sera alloué de vacation supplémentaire, soit pour des rez-de-chaussée, soit pour des étages supérieurs, qu'autant que cet excédant serait d'au moins 25 mètres (1).

---

(1) Il n'est alloué par rôle, pour ce travail, que 75 c. par les lois des 7 messidor an II et 13 brumaire an VII ; que 50 c. par l'art. 6 du tarif du 18 janvier 1826 ; et que 50 c. ou le quart de la taxe de rédaction, laquelle

Si le travail des plans produits consiste en une simple copie ou un simple calque, il ne sera alloué que l'émolument indiqué par le n° 12 pour les copies de plans.

11° *Devis.* — Les devis sommaires avec plans des travaux de raccordement ou de reconstruction, donnent droit à un demi pour cent du montant du devis, lorsqu'ils ont été établis par l'expert lui-même, et à un quart pour cent quand l'expert n'a eu qu'à en vérifier les éléments et les calculs (1).

12° *Copies de plans.* — Les copies de plan au trait, pochées, cotées, pourvues de légendes et d'indications, à l'échelle de 0m01 par mètre, de 100 à 200 mètres, donnent droit à 6 fr., et chaque 100 mètres en sus à 3 fr. Les plans tracés au crayon, non cotés, subiront une réduction de moitié sur lesdits prix (2).

13° *Copies de pièces.* — Pour la copie des pièces autres que les rapports, il sera alloué à Paris 75 cent., et dans les autres départements, 50 cent. par rôle de 25 lignes à la page et de 15 syllabes à la ligne, quand les pièces auront été utilement produites (3).

---

est de 2 fr., par le § 43 de l'art. 75 du tarif du 16 février 1807. Mais il a paru que le travail d'un rapport d'expert présente parfois certaines difficultés techniques dont il faut tenir compte.

(1) Arr. préf., 7 juin 1841.

(2) Tarif de la direction d'architecture de la Ville de Paris.

(3) Tarif du 18 janvier 1826, art. 6.

www.ingramcontent.com/pod-product-compliance
Ingram Content Group UK Ltd.
Pitfield, Milton Keynes, MK11 3LW, UK
UKHW022102190726
13855UKWH00002B/596